CHARLOTTE,

OU

UN MARIAGE D'AMOUR,

DRAME EN QUATRE ACTES,

PAR M. ANCELOT,

REPRÉSENTÉ, POUR LA PREMIÈRE FOIS, A PARIS, SUR LE THÉATRE DE L'AMBIGU-COMIQUE, LE 26 MARS 1833.

PRIX : 2 FR.

A PARIS,

CHEZ MARCHANT, BOULEVARD SAINT-MARTIN, 12,

ET BARBA, LIBRAIRE AU PALAIS-ROYAL.

1833.

PERSONNAGES.	*ACTEURS.*
ARTHUR D'AIGLEMONT.	MM. Albert.
DE MONVAL.	Fosse.
BERTRAND, père de Charlotte.	Montigny.
PIERRE MOULIN, cousin de Charlotte.	Cullier.
UN DOMESTIQUE.	Fleuri.
LA COMTESSE d'Aiglemont.	Mmes Elisa Jac.
La Baronne d'ALBY.	Mathilde.
CHARLOTTE BERTRAND.	Irma.
Mme DUTOUR, cousine de Charlotte.	Clorinde.
FEMME DE CHAMBRE.	Anna.

Nota. Les personnages sont placés en tête de chaque scène comme ils doivent l'être au théâtre; le premier occupe la droite de l'acteur.

Impr. de Chassaignon,
rue Git-le-Cœur, 7.

ACTE PREMIER.

Le théâtre représente un salon dans l'hôtel du comte d'Aiglemont.— Guéridon à droite de l'acteur; un secrétaire à gauche. — Porte au fond; portes latérales.

SCÈNE PREMIÈRE.

LA BARONNE D'ALBY, LA COMTESSE D'AIGLEMONT, LE COMTE ARTHUR D'AIGLEMONT.

(Ils sont assis au guéridon et déjeunent).

LA COMTESSE.

Ma chère baronne, pour une femme qui a couru la poste durant trois jours et trois nuits, vous êtes d'une fraîcheur admirable.

LA BARONNE.

La joie de nous revoir me fait oublier la fatigue.

LA COMTESSE.

Ce voyage de Nice vous a mise en état de défier un hiver de Paris avec tous ses bals et toutes ses fêtes, et, pour accompagner dans le monde une jeune veuve aussi jolie que vous, il faut avoir renoncé comme moi à toutes prétentions, avoir pris son parti d'être vieille.

LA BARONNE.

Vous vous êtes bien pressée.

LA COMTESSE.

J'ai vu qu'il y avait dans la société une place à prendre, celle de vieille femme; personne ne veut l'occuper; je me trouve bien de m'en être emparée avant que le monde ne me le destinât; j'ai gagné ainsi des amies parmi les jeunes femmes, et la connaissance que j'ai acquise de leur caractère m'aidera à diriger le choix de mon fils : n'est-il pas vrai, Arthur?

ARTHUR.

Ma mère!..

LA COMTESSE.

Je l'avoue, il est une espérance qui peut encore embellir ma vieillesse; vous la connaissez.

ARTHUR, *embarrassé.*

Je vous en prie, ma mère!..

LA COMTESSE.

Oui, Arthur, il faut qu'une femme aimable et jeune vienne animer notre retraite. Chaque jour qui s'écoule enlève quelque chose à la gaîté de mon caractère, et le vôtre, mon ami, a tout le sérieux de notre époque. La raison est la folie de ce siècle.

LA BARONNE.

Il me semble pourtant qu'avec le titre de comte, vingt-cinq ans, et quarante mille livres de rentes, on a de quoi prendre la vie gaiement. Tant de gens sont obligés d'être heureux à moins.

LA COMTESSE.

Bon! pense-t-on à être heureux à présent?

ARTHUR.

Ma mère, vous êtes sévère pour notre époque.

LA BARONNE.

J'espère vous raccommoder avec elle; et, d'abord, pour égayer cette matinée, venez avec moi. nous ferons un tour de promenade au bois de Boulogne, puis vous permettrez que j'entre dans quelques magasins; je suis arriérée de trois mois sur les modes! Pas la moindre élégance à Nice!.. de vrais malades!.. Je n'irai plus à de pareilles eaux. Je ne saurais de quinze jours me montrer dans un salon... Pendant cette retraite forcée, nous ferons des lectures, de la musique; je veux me mettre au courant de tout, car, après les toques d'Herbaut et les robes de Victorine, l'esprit et les talens sont encore ce qui réussit le plus dans le monde. *(A Arthur)*. Vous nous accompagnerez, n'est-ce pas?

ARTHUR.

Pardon, mille fois!.. mais je ne puis être des vôtres, aujourd'hui.

Ils se lèvent.

LA COMTESSE.

Arthur, quels sont donc ces nouveaux amis qui occupent tout votre temps et que je ne connais pas? Voudriez-vous, mon fils, vous éloigner de la bonne compagnie?

ARTHUR.

Ma véritable place est-elle donc au milieu des cercles futiles occupés de chasse, de chevaux et de modes nouvelles? Aurais-je tort, à vos yeux, ma mère, si je me rapprochais de gens abaissés peut-être par la fortune, mais élevés par leurs sentimens?

LA BARONNE, *à part.*

Mon dieu! qu'il est devenu singulier.

LA COMTESSE.

Croyez, mon fils, que ma tendresse seule...

ARTHUR.

Veuillez vous en rapporter aux principes que j'ai reçus de

vous et à mon desir de vous complaire !.. J'ai quelques affaires ce matin, mais je vous reverrai bientôt.

LA COMTESSE.

Vous nous donnerez votre soirée ?

LA BARONNE.

Je vous montrerai les croquis que j'ai faits pendant mon voyage, et nous étudierons ensemble quelques airs de Meyer-Beer.

ARTHUR.

Je serai à vos ordres.

LA COMTESSE.

Depuis votre départ, il n'a pas ouvert un piano, ni touché un crayon : il est vrai qu'il n'était presque jamais ici ; votre séjour dans l'hôtel me procurera un double bonheur.

UN DOMESTIQUE, *entrant.*

Madame Dutour demande si Madame veut voir quelques objets qu'elle apporte.

ARTHUR, *à part.*

Madame Dutour !.. ah, mon Dieu !.. sortons. (*Haut*). Permettez, mesdames, que je vous quitte.

Il sort.

SCÈNE II.

LA BARONNE, LA COMTESSE.

LA BARONNE, *à la Comtesse.*

Faites entrer, je vous prie, j'ai tant d'emplettes à faire.

LA COMTESSE, *au domestique.*

Qu'elle entre. (*A la baronne*). Je vous la recommande ; je prends à sa famille un intérêt tout particulier.

LA BARONNE.

Il suffit. Je lui donne ma pratique. Mais, mon dieu, que votre fils est changé !

LA COMTESSE.

Vous savez qu'il a toujours été sérieux.

LA BARONNE.

Oui ; mais aujourd'hui, il est inquiet, préoccupé.

LA COMTESSE.

L'agitation de l'amour ressemble quelquefois à l'inquiétude.

LA BARONNE.

De l'amour ? lui !.. c'est possible ; mais certainement ce n'est pas pour moi.

LA COMTESSE.

Détrompez-vous, ma chère Angeline : son amour, les désirs, les espérances qu'il a conçus, il m'a tout confié quand vous êtes devenue libre. Il voulait vous suivre à Nice, mais cela n'était pas convenable, et, pour parler de mariage, j'ai voulu attendre que votre deuil fût fini. Soyez sûre qu'Arthur vous aime.

LA BARONNE.

Vous permettrez du moins que, pour lui répondre, j'attende qu'il m'ait parlé.

UN DOMESTIQUE, *annonçant* :

Madame Dutour!

SCÈNE III.

LA BARONNE, LA COMTESSE, MADAME DUTOUR, *portant des cartons.*

LA COMTESSE.

Entrez, madame Dutour; voici une jeune dame qui s'arrangera de quelques objets; je lui ai dit tout l'intérêt que je prends à vous.

MAD. DUTOUR.

Madame la comtesse est bien bonne.

Air : *Que de mal, de tourmens* (Fiancée)

Elle a depuis long-temps
Jugé de mes talens;
Ce que j'ai de plus frais est pour elle;
J'achète, je revends,
Les gazes, les rubans,
Et l'on peut se fier à mon zèle.
Je fournis, chaque jour,
Et la ville et la cour;
Bien des attraits passés,
Par moi, sont remplacés:
Que de femm's, entre nous,
Me doivent des époux!..
On sait depuis long-temps
Jusqu'où vont mes talens,
Dans quel genre et comment je travaille;
Par mon art fortuné,
Le temps est enchaîné;
J'amincis, je redresse une taille;
J'embellis, j'rajeunis,
Le tout à juste prix.

Oui, mesdames, tout le monde vous dira que pour les corsets, la probité et le rouge végétal, Mme Dutour ne laisse rien à désirer.

LA BARONNE, *qui a examiné les marchandises.*

Madame Dutour, avez-vous des gants de Suède?

MAD. DUTOUR.

Sans doute : première qualité, arrivant de Saint-Pétersbourg.

LA BARONNE, *riant.*

Ah!... eh bien, une douzaine de gants de Suède de Saint-Pétersbourg.

LA COMTESSE.

Comment va votre cousine, Charlotte Bertrand ? Est-elle entièrement guérie ?

MAD. DUTOUR.

On le serait à moins ; et je voudrais avoir l'argent de tous les juleps, de tous les consommés qu'elle a pris. Celle-là peut se vanter d'avoir été soignée!.. Un médecin qui venait en voiture, et le fils de madame la comtesse qui payait tout!.. C'est tout de même heureux pour la famille cet accident là.

LA BARONNE, *à la comtesse.*

Qu'est-ce donc ?

LA COMTESSE.

C'est toute une histoire. Il y a six semaines, mon fils traversait la rue Saint-Honoré en tilbury ; il avait un cheval anglais fort vif. Une jeune fille (ces gens qui vont à pied sont si imprudens!) passe au moment où le cheval était lancé...

LA BARONNE.

Oh! mon Dieu!

LA COMTESSE.

Arthur le retint assez vite pour qu'il ne la touchât que légèrement; elle tomba pourtant, et, dans sa chûte, un vaisseau se rompit dans la poitrine, ce qui donna pendant quelque temps des inquiétudes pour sa vie.

LA BARONNE.

Cette pauvre petite!.. Mais elle est guérie ?

MAD. DUTOUR.

Elle doit sortir aujourd'hui pour la première fois, et sans doute elle viendra remercier madame la comtesse; car elle n'a manqué de rien, grâce à Dieu!.. Vous savez que, pendant tout le temps de sa maladie, il lui était défendu de parler : pas un mot!.. c'était pitié!.. heureusement que j'allais de temps en temps, le soir, lui conter les nouvelles du quartier. Et puis, on ma dit que monsieur le comte y venait tous les jours! moi, je ne l'ai jamais vu, parce que mon commerce me retenait aux heures où il y allait; et j'en suis bien fâchée, car je voudrais le connaître monsieur votre fils qui est si bon!.. Enfin, ça désennuyait un peu ma cousine ; nous autres pauvres gens nous ne sommes pas habitués à ne rien faire.

LA BARONNE, *à part.*

Monsieur le comte y allait tous les jours! (*Haut*). Elle est jolie?

MAD. DUTOUR.

C'est la beauté de la famille... et dans les Bertrand (car je suis une Bertrand de mon nom de fille) le sang est très-beau! Quoique ce soit une ouvrière qui n'a que son aiguille, ça a déjà été recherché en mariage, et je crois bien qu'elle a quelque chose dans le cœur pour Pierre Moulin, garçon boulanger et filleul du père Bertrand.

LA BARONNE.

Ah! vous croyez?

MAD. DUTOUR.

On a de l'expérience, et on ne se trompe guères là-dessus. Figurez-vous que j'ai beau dire, je ne peux pas distraire ma cousine.

Air; *Vous souvient-il.* (Kettly.)

Je lui rappelle en vain de la Chaumière
Les doux plaisirs et les galans propos;
De Tivoli, la gaîté printannière,
Et le Vauxhall, et Saint-Cloud, et Mousseaux.
De nos jeux, compagne assidue,
A notre appel elle est sourde aujourd'hui...
Quand du plaisir la voix est méconnue,
C'est que l'amour parle plus haut que lui.

LA BARONNE.

Et vous pensez que c'est pour Pierre Moulin?

MAD. DUTOUR.

Certainement: mais le pauvre garçon est arrivé hier du pays, où il était allé pour la conscription, et il a eu le malheur de tirer le numéro *un*! Il est sûr de son affaire celui-là. Vous sentez bien que ce n'est pas un garçon boulanger qui peut acheter un remplaçant; ah! si le père Bertrand avait pu!.. ce mariage lui tenait au cœur!.. il aime tant sa fille. Mais un ancien sergent, qui n'a que sa solde de retraite et les deux cent-cinquante francs de sa croix, ça n'est pas grand chose!... Et attendre que Pierre ait fait ses huit ans... c'est bien long pour une jeunesse.

LA COMTESSE.

Il me vient une idée: rassurez votre cousine, son prétendu ne partira pas.

MAD. DUTOUR.

A-t-elle du bonheur cette fille-là.

LA BARONNE.

Madame Dutour, ces trois pièces de rubans, dix douzaines de gants blancs, et tous ces divers objets. Faites porter cela dans mon appartement.

MAD. DUTOUR.

Je vais les porter moi-même.

LA COMTESSE.

Moi, ces gants de couleur.

MAD. DUTOUR.

Est-ce tout pour aujourd'hui, mesdames ?

LA COMTESSE.

Oui ; faites ma commissinn près de votre cousine.

MAE. DUTOUR.

Certainement, madame la comtesse. Ah ! vous n'avez pas affaire à des ingrats ! Le père Bertrand se mettrait au feu pour vous et pour monsieur le comte, qui a été son commandant. Car il n'y a pas plus de cinq ans que le père Bertrand ne sert plus : il était sergent de canonniers dans le régiment de monsieur le comte. Comme on se retrouve pourtant !. . Ces dames n'ont plus besoin de rien ?. . . J'ai bien l'honneur de les saluer.

LA COMTESSE.

Bonjour, madame Dutour.

Madame Dutour sort par la porte de droite.

SCÈNE IV.

LA BARONNE, LA COMTESSE.

LA COMTESSE.

Êtes-vous prête ? partons-nous, chère baronne ?

LA BARONNE, *rêvant*.

Il est trop tard : je me sens fatiguée ; veuillez remettre notre course à demain.

LA COMTESSE.

Comme il vous plaira.

LA BARONNE, *à part*.

Il y allait tous les jours.

UN DOMESTIQUE, *entrant*.

Une jeune fille et un ancien militaire, amenés par monsieur le comte, demande si madament la comtesse veut les recevoir.

LA COMTESSE.

C'est sans doute la petite Bertrand et son père ? Qu'ils entrent.

LA BARONNE.

Ah !.. (*à part*). Je vais donc la voir.

SCÈNE V.

BERTRAND, CHARLOTTE, ARTHUR, LA COMTESSE, LA BARONNE.

ARTHUR, *à part, en entrant.*

La baronne est encore là! *(Haut)*. Je vous présente un ancien camarade, et mademoiselle sa fille à qui mon imprudence à failli être si funeste. Il y a déjà long-temps que je désirais vous faire faire sa connaissance, mais elle sort aujourd'hui pour la première fois.

LA COMTESSE, *sans offrir de siége.*

Bonjour, mon enfant; commencez-vous à vous rétablir?

CHARLOTTE, *très-timide.*

Oui, madame; je vais bien.

ARTHUR, *avançant un fauteuil.*

Asseyez-vous donc, mademoiselle.

Charlotte refuse par un geste.

LA BARONNE, *à part.*

Que d'empressement!

LA COMTESSE.

Je suis charmée qu'enfin vous soyez mieux.

BERTRAND.

Bath! la voilà maintenant meilleure que neuve, grâce aux soins du commandant.

ARTHUR.

Ma mère, voici une vieille moustache à qui je dois la vie: c'est le brave Bertrand; il a reçu certain éclat d'obus qui devait m'appartenir.

LA BARONNE.

Cela fait mal un éclat d'obus?

ARTHUR.

Cela tue assez souvent.

LA COMTESSE.

C'est très-beau, monsieur Bertrand.

BERTRAND.

Ma foi, madame, vous en auriez fait autant à ma place; un obus tombe dans la batterie aux pieds du commandant; je me dis: Si le commandant est tué, qui est-ce qui commandera la batterie? au lieu que, si je suis tué, il y a d'autres pointeurs. Là-dessus, je me jette sur le commandant et je le serre comme une nouvelle mariée.

ARTHUR.

Et vous avez eu une cuisse cassée.

BERTRAND.

Bah !. . . on l'a raccommodée , et elle va. . . à peu près.

LA COMTESSE.

Vous n'avez qu'une fille, monsieur Bertrand ?

BERTRAND.

C'est tout mon bien.

ARTHUR.

Ma mère, vous ne vous attendez pas à la surprise que mademoiselle vous a préparée : c'est un voile qu'elle a brodé pour vous.

BERTRAND.

Elle y travaillait sur son lit ; je lui disais quelquefois : Charlotte tu vas te faire du mal ! elle répondait : C'est égal ! c'est pour la mère de monsieur Arthur.

CHARLOTTE. *présentant le voile.*

Si madame veut bien l'accepter ?. . .

LA COMTESSE.

C'est vraiment très-bien !. . . (*A la baronne*). Regardez donc ?

LA BARONNE.

C'est charmant !. . mais il a fallu bien du temps pour faire cette broderie.

ARTHUR , *à Charlotte, avec un tendre intérêt.*

Vous vous serez fatiguée ?

CHARLOTTE.

Non ! ça m'occupait et m'empêchait d'avoir du chagrin quand j'étais seule.

LA BARONNE.

Du chagrin !... lorsque monsieur Arthur n'était pas là peut-être ?

CHARLOTTE.

Oui ; car il était si gai quand il me voyait, que j'étais triste quand je ne le voyais pas.

LA BARONNE.

Ah !. . .

LA COMTESSE.

Pendant le dialogue qui précède, elle a ouvert un secrétaire et a mis des billets de banque dans un petit portefeuille.

Tenez, ma chère amie , je vous prie d'accepter ce souvenir.

CHARLOTTE, *prenant le portefeuille.*

Madame est bien bonne !. . . Oh, comme c'est joli !. . . (*Elle ouvre et voit les billets.*) Ah !. . Madame... non !... je ne puis le prendre.

ARTHUR.

Qu'avez-vous ?

LA COMTESSE.

Gardez-le, ma chère, gardez-le.

CHARLOTTE.

Non, Madame, je n'en veux pas.

ARTHUR.

Vous pleurez !... Qu'y a-t-il donc ?

CHARLOTTE.

Regardez, Monsieur Arthur, regardez plutôt !

ARTHUR.

De l'argent !... ma mère, qu'avez-vous fait ?

LA COMTESSE, *à Charlotte.*

Mon enfant, il ne faut pas que cela vous afflige : je ne sais trop si j'aurais rencontré votre goût en vous faisant un cadeau, et c'était...

BERTRAND.

Elle est équipée au complet, Madame ; elle n'a besoin de rien.

LA COMTESSE.

Je vous en prie.

CHARLOTTE.

Non, Madame, non !..

Air : *Depuis long-temps, j'aimais Adèle.*

Croyez à ma reconnaissance !
Mais je refuse un tel présent.
Elle ôte les billets du portefeuille et les rend à la comtesse.
Ce souvenir de bienveillance,
Je le reçois tel qu'il est à présent !
Votre bonté, le bonheur de vous plaire,
Voilà tout ce que j'espérai !
Si j'accepte un autre salaire,
Vous voyez bien que j'y perdrai !..

LA COMTESSE.

Mais c'est de l'enfantillage.

LA BARONNE.

Non, ce sont des sentimens héroïques !.. Monsieur Arthur, votre protégée est fort jolie !... Il faut que je vous quitte ; adieu.

LA COMTESSE.

A tantôt !.. Eh bien, Arthur, n'offrez-vous pas la main à la baronne ?

ARTHUR.

Ah !.. je vous demande mille pardons.

LA BARONNE, *riant.*

Non, non!... je me reprocherais de vous déranger: je ne veux pas absolument: restez.

Elle sort.

BERTRAND.

Charlotte, mon enfant, il se fait tard, salue madame, et en marche avant que le brouillard tombe.

ARTHUR.

Ma voiture va vous conduire, et, si vous le permettez, je vous accompagnerai; j'ai une visite à faire dans votre quartier.

LA COMTESSE.

Arthur, je voudrais vous parler.

CHARLOTTE.

Mon Dieu, monsieur Arthur, nous irons bien à pied: je suis forte à présent.

BERTRAND.

Vrai, mon commandant, c'est inutile une voiture; ça lui donnerait de mauvaises habitudes, voyez-vous! et d'ailleurs, si elle est lasse, les *Omnibus* sont là!.. Monsieur et Madame, je vous salue.

ARTHUR.

Au moins, je vais vous donner la main jusqu'au bas de l'escalier.

CHARLOTTE.

Votre maman veut vous parler.

ARTHUR, *à la Comtesse.*

Je reviens à l'instant.

SCÈNE VI.

LA COMTESSE, *seule.*

Il a été d'un rididule achevé!.. Quoi? pas plus d'attention à la baronne que si elle lui était tout-à-fait indifférente!... Il m'en parlait si souvent il y a deux mois!.. Et cette petite fille.. c'est qu'elle est fort jolie!.. Il la regardait avec un air... Des idées romanesques passeraient-elles par la tête de mon fils?... Il y a des exemples de semblables folies!... Oh, non!... cela est impossible!.. une couturière... sans éducation...

SCÈNE VII.

LA COMTESSE, ARTHUR.

ARTHUR.

N'est-il pas vrai, ma mère, qu'elle est bien jolie?

LA COMTESSE.

Oui, elle n'est pas mal... Mais comme tu as été froid avec la baronne.

ARTHUR.

Vous avez eu bien tort d'offrir de l'argent à Charlotte.

LA COMTESSE.

Sais-tu que la baronne a une fort belle fortune ?

ARTHUR.

Quelle noblesse d'âme chez cette jeune fille !

LA COMTESSE.

Ah ça, Arthur, jouons-nous aux propos interrompus ?

ARTHUR.

Que voulez-vous dire, ma mère ?

LA COMTESSE.

Je vous parle de Madame d'Alby, et vous ne vous occupez que de cette petite ouvrière. Allons, Arthur, en voilà assez. Souviens-toi de ce que je te disais il y a trois mois, au sujet de la baronne.

ARTHUR.

Quoi donc ?

LA COMTESSE.

Que c'est la femme qu'il te faut.

ARTHUR.

Ma femme !

LA COMTESSE.

Tu en paraissais fort épris alors.

ARTHUR.

Je l'ai toujours trouvée fort aimable ; mais...

LA COMTESSE.

C'est un excellent parti.

ARTHUR.

Nos caractères ne se conviennent pas.

LA COMTESSE.

Arthur !...

ARTHUR.

Ma mère !...

LA COMTESSE.

Je ne vous reconnais plus : seriez-vous amoureux ?

ARTHUR.

Amoureux ?.. moi !..

LA COMTESSE.

De cette jeune fille peut-être ?

ARTHUR.

Eh mais, n'en serait-elle pas bien digne ?

LA COMTESSE.

Cela annoncerait une perversité détestable : c'est une pauvre enfant, sans expérience, sans appui... Et vous chercheriez à la séduire.

ARTHUR.

La séduire !.. oh, ma mère !..

LA COMTESSE.

Quels sont donc vos projets ? Vous ne songez pas sans doute à l'épouser ?

ARTHUR.

J'avoue que ma pensée ne s'est point arrêtée sur l'avenir ; la beauté de Charlotte, la naïve candeur de son âme, la noblesse de ses sentimens, tout m'enchante, et je cède sans réflexion au charme qui m'attire vers elle.

LA COMTESSE.

Vous êtes fou, Arthur ?

ARTHUR.

Je vous répète que je n'ai pris aucune résolution.

LA COMTESSE, *avec dédain.*

En vérité, c'est bien heureux !

ARTHUR.

Mais enfin, si elle était devenue nécessaire à mon bonheur! si je me contentais de rencontrer les plus rares vertus, les plus précieuses qualités de l'âme dans la femme que j'associerais à mon sort, ferais-je donc une si grande folie ?

LA COMTESSE.

Le comte d'Aiglemont épouser une couturière !

ARTHUR.

Comment, vous, ma mère, dont l'esprit est si éclairé, pouvez-vous obéir à de vieux préjugés.

LA COMTESSE.

Changez donc les idées du monde.

ARTHUR.

Eh qu'importe le monde.

LA COMTESSE.

Eh, mon dieu, l'éducation de cette fille la sépare de vous plus encore que sa naissance. Mon cher Arthur, croyez-en votre mère! Charlotte n'a ni vos habitudes, ni vos idées; et, dans l'intimité, cette disconvenance se ferait sentir à chaque instant. C'est là qu'est la vraie mésalliance.

ARTHUR.

Son cœur est si noble!

LA COMTESSE.

Il vous serait agréable d'avoir pour beau-père votre sergent?

ARTHUR.

C'est le plus honnête homme du monde. Et qu'importe d'ailleurs une légère différence de rang? Les grands principes de l'égalité ne sont-ils pas maintenant reconnus?

LA COMTESSE.

L'égalité!.. ne voit-on pas depuis quarante ans ce que c'est que cette égalité? Un mensonge adressé par des ambitieux à la crédulité des sots. Ecoutez-moi, Arthur, vous vous croyez un philosophe; mais je vous connais! malgré vous, les habitudes, l'éducation; les préjugés si vous voulez, reprendraient bientôt leur empire, et alors que de malheurs!... Alons, mon ami, qu'il ne soit plus question d'une pareille folie; et n'oubliez pas que, si jamais vous vouliez céder à des idées romanesques, ma tendresse pour vous me ferait un devoir de m'y opposer.

ARTHUR.

Mamère!...

LA COMTESSE.

Eh bien?

ARTHUR.

J'ai vingt-cinq ans.

LA COMTESSE.

A merveilles, mon fils!.. ajoutez que vous avez le droit de me chasser de cette maison; qu'elle vous appartient, car je n'ai apporté à votre père d'autre dot que ma noblesse.

ARTHUR.

Oh! vous savez bien que ma fortune est la vôtre.

LA COMTESSE.

Non; je ne voudrais rien de vous; je sortirais d'ici; j'aimerais mieux l'indigence et toutes ses privations que la société d'une grisette qu'il faudrait appeler ma fille.

ARTHUR.

Ma mère, ne nous tourmentons pas d'avance en songeant à un avenir fort incertain encore.

LA COMTESSE.

Oui, Arthur, oui, tu as raison, n'en parlons plus; tu ne saurais oublier que tout le bonheur de ma vieillesse repose sur la noblesse de tes sentimens.

ARTHUR.

Adieu, ma mère, adieu!

Il lui baise la main et sort.

SCÈNE VIII.

LA COMTESSE, *seule.*

Il n'y a pas un moment à perdre. Je le connais : rien ne l'arrêtera si une fois il prend un parti. Sauvons-le de son extravagance ; oui, c'est le meilleur moyen. (*Elle se place à une table et écrit*). En lui ôtant tout espoir.... (*Elle sonne, un domestique entre*). Portez ces lettres à leur adresse, et faites diligence.

SCÈNE IX.

PIERRE, LA BARONNE, *riant aux éclats,* LA COMTESSE.

LA BARONNE.

Ah! ah! ah!... Si vous saviez ce qui vient de m'arriver.

LA COMTESSE.

Il paraît que ce n'est pas un événement malheureux. Mais quel est ce garçon ?

LA BARONNE.

Oh ! il n'est pas dans l'usage de se faire annoncer. Imaginez que, tout-à-l'heure, j'étais occupée de ma toilette; j'entends marcher derrière moi, je me retourne avec frayeur, et je vois ce jeune homme qui, après m'avoir regardé des pieds à la tête, me demande si c'est à Monsieur le comte d'Aiglemont qu'il a l'honneur de parler.

PIERRE.

Pardon, excuse... J'ai eu tort; mais il m'arrive toujours comme ça des accidens qui fâchent mes protecteurs. Ce n'est pas ma faute : je suis né malheureux qu'on ne peut pas s'en faire une idée.

LA COMTESSE.

Que vouliez-vous ?

LA BARONNE.

La protection du comte Arthur; mais dans cette occasion, la mienne la vaudra bien. C'est le prétendu de Charlotte Bertrand.

LA COMTESSE.

Le prétendu de Charlotte !

PIERRE.

Quand je dis le prétendu, c'est-à-dire, que j'avais la prétention de l'être il y a six mois ; le père Bertrand est mon parrain; mais il y a du nouveau, et ça n'est pas du beau !

LA COMTESSE.

Quoi! vous savez?

PIERRE.

Je sais... Je sais que je suis si enguignonné que j'ai été le plus mal chanceux de l'arrondissement ; j'ai amené le numéro *un*; je ne l'ai pas manqué ! C'est-il avoir du malheur ? moi, à qui il ne sort jamais un numéro à la loterie, du premier coup j'attrape celui-ci.

LA BARONNE.

Mais si ce n'était que céla ?

PIERRE.

C'est bien assez, j'espère ! Un conscrit ! le beau parti que ça fait !... Comme disait le père Bertrand, si j'étais seulement sergent?... mais, d'ici là, laisser sa prétendue à Paris ; moi encore qui suis né sous une mauvaise étoile.

LA BARONNE.

Le pauvre garçon !

PIERRE.

Air *du Déjeûner de Garçon.*

Pareil guignon n' se vit jamais,
A mes trouss's le diable s'attache ;
Un habit neuf, dès que je l'mets,
Est sûr d'attraper une tache...
Contre moi tout sembl' s'arranger,
C'est vraiment une chose unique !
Voyez si je dois enrager !
J'sais à pein' l'état d'boulanger,
Qu'on fait l'pain à la mécanique. (*bis*)

LA BARONNE.

En vérité ?

PIERRE.

Et ne voilà-t-il pas une suite de mon malheur ? L'accident de cette pauvre Charlotte, juste le jour où j'étais parti pour aller au pays, et parti à pied !... Cent quarante-trois lieues pour chercher ce numéro-là ! c'était bien la peine de me déranger. Enfin, le père Bertrand m'a dit que monsieur le comte d'Aiglemont a des bontés pour la famille, et je venais le prier.. Mais, bah ! il est sorti.

LA COMTESSE.

Consolez-vous, tout n'est pas perdu ; vous pouvez encore épouser Charlotte.

PIERRE.

Ça serait-il possible ? Je crois que j'en deviendrai fou ; je l'aime tant !

LA BARONNE.

Et vous aime-t-elle?

PIERRE.

Dame ! on n'est jamais bien sûr de ces choses-là ; mais c'est une brave fille, et une fois son mari...

LA COMTESSE.

Eh bien, je veux vous acheter un remplaçant, et vous aider ensuite à vous mettre en ménage.

PIERRE.

Oh, vrai, madame, ne vous riez pas de moi! Je me sens tout boulversé parce que vous venez de me dire.

LA COMTESSE.

Croyez-moi, Pierre, je vous le répète, je veux vous marier à Charlotte.

PIERRE.

Oh! pour le coup, me v'là déguignonné.

LA COMTESSE

Mais il faut que le mariage se fasse promptement.

PIERRE.

Comment donc? tout de suite! tout de suite.

LA COMTESSE.

Il faut commencer par chercher un remplaçant; je me charge de payer.

PIERRE.

Ça ne sera pas difficile: qu'est-ce qu'on ne trouve pas à Paris avec de l'argent? Et des hommes, des hommes... il y en a à tout prix.

LA BARONNE.

Oui, les plus chers sont seulement plus adroits que ceux qui les achètent.

PIERRE.

Oh! je marchanderai, comme si les écus sortaient de ma poche.

UN DOMESTIQUE, *annonçant.*

Mademoiselle Charlotte Bertrand.

PIERRE.

Charlotte!

SCÈNE X.

PIERRE, LA BARONNE, CHARLOTTE, LA COMTESSE.

CHARLOTTE.

Madame la comtesse m'a fait demander.

LA COMTESSE.

Oui, mon enfant, entrez sans crainte, je m'occupe de vous.

LA BARONNE.

J'espère, monsieur Pierre, que voilà une bonne journée.

PIERRE.

Oh, fameuse !

LA COMTESSE.

Charlotte, je veux assurer votre bonheur.

LA BARONNE.

Madame la comtesse lève tous les obstacles qui s'opposaient à votre mariage avec ce jeune homme.

CHARLOTTE.

Qu'est-ce que j'entends ?

PIERRE.

Tiens... comme elle est saisie... Ecoutez-donc, mamzelle Charlotte...

CHARLOTTE, *tremblante.*

Madame la comtesse...

LA COMTESSE.

Remettez-vous... Et vous, Pierre, allez bien vite vous occuper de votre remplaçant. Allez, vous reviendrez plutôt.

PIERRE.

J'y vais, madame la comtesse, mais...

LA COMTESSE.

Allez donc.

PIERRE.

Je m'en vas... (*à part, en sortant*). J'aurais voulu parler à mamzelle Charlotte pourtant... Elle n'a pas l'air satisfait.... Est-ce que le guignon y serait encore ?

SCÈNE XI.

LA BARONNE, CHARLOTTE, LA COMTESSE.

CHARLOTTE.

Madame la comtesse, vos bontés pour moi sont bien grandes, je vous remercie... Mais je ne veux pas me marier.

LA BARONNE, *à part.*

Je devine.

LA COMTESSE.

Et quelles sont vos raisons ?

CHARLOTTE.

Mes raisons?... je n'en ai pas : seulement, je ne veux pas me marier, je ne me marierai jamais.

LA COMTESSE.

Mais, il y a six mois, vous pensiez différemment : vous aviez accueilli la demande de ce garçon. Qui a pu vous faire changer d'idée ?

CHARLOTTE.

Je. . . je ne sais pas : mais j'en ai changé.

LA BARONNE.

Depuis cette époque, mademoiselle a peut-être fait des comparaisons qui ne sont pas à l'avantage de Pierre.

LA COMTESSE.

Mon enfant, c'est votre bonheur que je veux ; Pierre a l'air d'un honnête garçon, et je vous promets qu'avec lui vous serez dans l'aisance, et votre vieux père aussi.

CHARLOTTE.

Mon père ?. . . mon travail lui suffira toujours.

UN DOMESTIQUE, *entrant*.

Le notaire que madame la comtesse a fait demander.

LA COMTESSE.

Qu'il attende dans mon cabinet ; je vais lui parler. (*Le domestique sort.*) Vous, Charlotte, restez ici ; réfléchissez à ce que je vous propose, et soyez sûre que vous auriez à vous repentir si vous cédiez à quelques idées folles. Allons, à mon retour, j'espère vous trouver plus raisonnable. (*A la baronne*). Parlez-lui, ma chère baronne.

SCENE XII.

LA BARONNE, CHARLOTTE.

Charlotte s'éloigne de la baronne et semble vouloir sortir.

LA BARONNE, *à part*.

Elle est jolie !. . . mais pas de tournure !. . . Et c'est à cette grisette qu'il me sacrifierait. Voyons si du moins son esprit a été cultivé. (*Haut en s'approchant de Charlotte*). Pourquoi donc, mademoiselle, vous éloignez vous de moi ? Causons un instant ; je soupçonne que votre père vous a fait donner une éducation au-dessus de votre état ?

CHARLOTTE.

A moi ?. . ô mon Dieu, non, madame.

LA BARONNE.

Comment !. . vous n'avez rien appris ?

CHARLOTTE.

Si fait ; j'ai appris à lire, à écrire, puis à coudre et à broder.

LA BARONNE.

Mais, dans vos momens de loisir, la lecture...

CHARLOTTE.

Mon travail ne m'en laissait pas le temps.

LA BARONNE.

Ah !... Ainsi, les longues visites du comte d'Aiglemont se passaient à vous parler d'amour ?

CHARLOTTE.

Qui a pu vous le dire ?

LA BARONNE.

Cela se devine. Et que répondiez-vous ?

CHARLOTTE.

Hélas! moi, faible et malade, je ne pouvais parler que bien peu et bien rarement.

Air *de Céline.*

Il fallait garder le silence;
Mais j'amais tant à l'écouter !..

LA BARONNE.

Il jurait tendresse et constance,
Et, lorsqu'il devait vous quitter,
Il promettait, tout entier à sa flamme,
De revenir vers ses seules amours ?...

CHARLOTTE.

Il ne promettait rien, Madame,
Mais il revenait tous les jours.

LA BARONNE.

Et qu'espérez-vous!

CHARLOTTE.

Moi, madame ! je n'espère rien.

LA BARONNE.

Vous avez raison !... Pourquoi donc refuser un mariage convenable ?

CHARLOTTE.

Je n'aime pas celui qu'on me propose.

LA BARONNE.

J'entends... le pauvre Pierre ne pourrait vous offrir qu'un modeste sort qui ne vous suffit plus. Vous rougiriez maintenant d'être la femme d'un ouvrier.

CHRRLOTTE.

Moi, rougir !...

LA BARONNE.

Sans doute; avec lui, une simple robe, un bonnet seraient toute votre parure ; il ne pourrait vous donner ni chapeaux, ni bijoux...

CHARLOTTE.

Tout cela n'est pas fait pour moi; je vous le répète, madame, je n'ai que mon travail.

LA BARONNE.

Et l'amour du comte ?

CHARLOTTE.

Que voulez-vous dire?

LA BARONNE.

Quoi de plus naturel? le comte est riche, il est généreux...

CHARLOTTE.

Ah! madame!

LA BARONNE.

Eh bien, vous pleurez?... Je ne veux pas vous affliger; je ne vous dis que ce que tout le monde doit croire.

CHARLOTTE.

Qu'entends-je?... on pourrait penser...

LA BARONNE.

De bonne foi, que voulez vous qu'on pense? On connait le comte d'Aiglemont; jeune, aimable, prompt à s'enflammer, mais non moins prompt à changer d'amour, on le verrait passer toutes ses journées chez une jolie ouvrière de dix-huit ans, et vous voudriez que l'on crût à l'innocence de ses visites!... ah!...

CHARLOTTE.

Arrêtez, madame!. J'ai pu supporter la misère, mais je n'ai pas appris à supporter la honte. Et mon pauvre père?... s'il pouvait soupçonner?... Ah! il en mourrait.

LA BARONNE.

Je le crois: c'est un brave militaire, rempli d'honneur, qui n'a rien de plus cher que la réputation de sa fille; aussi, désirait-il vivement vous voir établie.

CHARLOTTE.

Ah! qu'est-ce que je viens d'entendre?... Malheureuse!... Jamais je n'avais songé... Elle dit vrai...

LA BARONNE.

Ce mariage qu'on vous propose vous sauverait de cruels regrets. Un jour viendra, Charlotte, où repoussée de votre famille, délaissée par le comte, en butte à son mépris...

CHARLOTTE.

Son mépris!

LA BARONNE.

En vous mariant, vous ne le verriez pas dédaigner un jour cet amour qu'il sollicite maintenant; vous ne le verriez pas insensible à votre douleur; vous pourriez l'oublier en vous occupant de vos nouveaux devoirs; vous conserveriez l'estime de tous ceux qui vous connaissent, et lui-même respecterait votre vertu.

CHARLOTTE.

Ah! madame, ce conseil...

LA BARONNE.

Est dicté par l'intérêt que vous m'inspirez. Un moment de courage vous épargne des chagrins, des remords, et à votre père un opprobre auquel il ne survivrait pas.

CHARLOTTE.

Madame...

LA BARONNE.

Réfléchissez ; il est temps encore.

CHARLOTTE.

Oui, vous avez raison : le déshonneur!.. le monde est si méchant!

LA BARONNE.

Décidez-vous, mon enfant.

CHARLOTTE, *à elle-même.*

Il est riche, noble...

Air : *J'ai pris goût à la république.*

Moi, je ne suis qu'une pauvre ouvrière,
On oserait, hélas, me mépriser!..

LA BARONNE.

Un sort heureux vous attend avec Pierre.

CHARLOTTE.

Oui... je consens, Madame, à l'épouser.
C'en est donc fait!.. Si je revois le comte,
Je tâcherai de cacher ma douleur;
Et, pour échapper à la honte,
Puisqu'il le faut, j'accepte le malheur.

LA BARONNE.

Bien, mon enfant, très-bien : je vais annoncer votre résolution à la comtesse.

CHARLOTTE.

Oui, oui! dites-le lui... Dites-le lui tout de suite!... Aurais-je la force de le vouloir long-temps?

LA BARONNE.

Je vais la chercher ; remettez-vous, remettez-vous.

Elle sort.

SCENE XIII.

CHARLOTTE, *seule.*

Tout est fini!... Et cette bague... le seul de ses cadeaux que j'aie accepté.. parce qu'elle porte son nom!... Il faudra m'en séparer.

Elle porte la bague à ses lèvres.

SCENE XIV.

CHARLOTTE, ARTHUR.

ARTHUR.

Ah ! voilà des baisers qui m'appartiennent.

CHARLOTTE.

Laissez-moi, monsieur le comte.

ARTHUR.

Qu'avez-vous, Charlotte ?... pourquoi me fuyez-vous ?

CHARLOTTE.

Je le dois. Je ne vous reverrai plus... Je ne veux plus vous revoir... Je me marie.

ARTHUR.

Vous vous mariez !

CHARLOTTE, *sans le regarder.*

Pierre, un jeune homme honnête, qui convient à mon père, qui... me convient aussi, m'avait demandée il y a six mois... et... je l'épouse. Tenez, Monsieur le Comte, reprenez cet anneau...

ARTHUR, *repoussant sa main.*

Ah!.. vous l'épousez!.. Et vous l'aimez ? Et vous êtes contente ?

CHARLOTTE.

Contente.

Elle va s'asseoir tout en larmes.

ARTHUR.

Quelle pâleur!..

CHARLOTTE, *assise.*

Air : *Soldat français.* (de Julien.)

Oui, c'en est fait, ah ! je voudrais mourir.
Auprès de lui la force m'abandonne ;
Il faut pourtant me résoudre à le fuir :
L'honneur le veut, et sa mère l'ordonne.
De l'homme que j'osai nommer.
Mon âme ne peut être éprise ;
Mais sous son nom l'on devra m'estimer,
Et si mon cœur ne peut l'aimer,
(Elle se lève avec énergie.)
Je ne veux pas qu'on me méprise.

ARTHUR.

Ah ! je devine tout!.. ma Charlotte !

CHARLOTTE.

Ce seul mot m'a ôté toutes mes forces : je ne pourrai jamais être à un autre.

LA COMTESSE, *en dehors.*

Avancez, M. Bertrand.

ARTHUR.

Ah! ma mère . . .

SCENE XV.

PIERRE, BERTRAND, CHARLOTTE, ARTHUR, LA COMTESSE, LA BARONNE.

LA COMTESSE.

Avancez aussi, Pierre; voici votre femme. Arthur, depuis six mois, ces jeunes gens s'aiment.

PIERRE.

Quand je dis six mois, permettez, madame la Comtesse, c'est vrai pour moi : il y a six mois que j'aime Mamzelle Charlotte; mais elle ?. . Dame, je ne sais pas. Enfin, puisqu'elle veut bien consentir. . .

LA COMTESSE.

Oui, elle désire ce mariage.

ARTHUR.

Charlotte, répondez !. . Répondez !. . vous êtes seule maîtresse de votre sort; personne ici ne doit, ni ne veut vous contraindre. Parlez.

CHARLOTTE.

Mon père ?. .

BERTRAND.

Que veux-tu ?

CHARLOTTE.

Je ne veux tromper personne. Je ne peux pas épouser Pierre, car je n'ai jamais eu d'amour pour lui.

PIERRE.

Allons !.. quand je vous dis que je suis ensorcelé !.. Madame la Comtesse, je n'ai plus besoin de votre argent, je me fais soldat, et vous verrez encore que je n'aurai pas le bonheur d'attraper un boulet de canon.

LA COMTESSE, *à Charlotte.*

Que signifie cela ? N'aviez-vous pas accepté tout-à-l'heure ?

LA BARONNE, *à part.*

Voilà toute ma diplomatie perdue.

BERTRAND.

Il me semble, Charlotte, qu'il y a du louche dans tout ça; et, vois-tu, le père Bertrand a toujours été droit son chemin !.. Je veux que ça s'éclaircisse.

CHARLOTTE.

Mon père !. .

LA COMTESSE.

Je voulais vous assurer une existence honnête : vous ne l'

voulez pas!.. Vos motifs pour refuser, les avoueriez-vous sans rougir?

ARTHUR, *se fâchant.*

Ah!..

BERTRAND.

Qu'est-ce que j'entends là? Charlotte, tu es mon unique enfant; mais, tu le sais bien, j'aimerais mieux te voir morte que méprisée. Ecoute, si Pierre veut encore de toi?..

PIERRE.

Comment!.. si j'en veux?

BERTRAND.

Il faut l'épouser : l'amour viendra après. Vois-tu, ce que dit Madame la Comtesse me donne des idées... Je veux que tu te maries.

CHARLOTTE.

Jamais.

BERTRAND.

Oses-tu bien?..

LA COMTESSE.

C'en est trop : que les caprices de cette fille ne nous occupent pas plus long-temps. Laissez-nous.

ARTHUR.

Oh, ne la renvoyez pas ainsi, je vous en conjure : elle est libre de ses actions.

LA COMTESSE.

Et moi, ne le suis-je pas de me délivrer des gens qui m'importunent?

ARTHUR, *s'animant.*

Ma mère...

LA COMTESSE.

Faut-il, pour vous plaire, que je fasse ma société d'une grisette?

BERTRAND.

Madame la Comtesse...

CHARLOTTE, *à Bertrand.*

Venez... venez...

ARTHUR, *les retenant.*

Je ne souffrirai pas qu'on les outrage devant moi.

LA COMTESSE.

Et moi, je ne souffrirai pas plus long-temps sa présence. Sortez, sortez à l'instant même.

ARTHUR, *avec force.*

Restez.

LA BARONNE, *à part.*

Que va-t-il faire?

LA COMTESSE.

Sortez, dis-je, ou je vous fais chasser de moi.

ARTHUR.

La chasser... Chasser mon brave camarade...

BERTRAND.

Laissez-nous sortir, mon commandant.

CHARLOTTE.

Je ne puis rester; je suis chez votre mère.

ARTHUR.

Chez ma mère... Non; personne n'a le droit de vous faire sortir d'ici.

LA COMTESSE.

Que dites-vous?

CHARLOTTE.

Laissez-moi m'en aller.

ARTHUR.

Jamais... Vous le voulez, ma mère?.. Vous m'y forcez?..

LA COMTESSE.

Comment?.. que prétendez-vous faire?..

ARTHUR, *prenant Charlotte par la main.*

Comtesse d'Aiglemont... vous êtes chez vous.

Fin du premier acte.

ACTE DEUXIÈME.

Le théâtre représente un salon ouvrant sur un parc : une table est à la droite de l'acteur.

SCÈNE PREMIÈRE.

PIERRE, BERTRAND.

Ils entrent par le fond.

BERTRAND.

Avance donc à l'ordre, camarade : ah! je t'apprendrai à passer comme ça sans pousser une reconnaissance.

PIERRE.

C'est que, voyez-vous, père Bertrand, je n'osais pas.

BERTRAND.

Joli propos de soldat!.. Mais, Dieu me pardonne, tu es caporal, et il n'y a que neuf mois que tu es parti; tu as gentiment fait ton chemin tout de même! Ne vas donc pas me dire: je n'ose pas, comme si tu étais une recrue de quinze jours!.. et ça, parce que je suis dans un beau château?.. Eh bien, puisque je suis le beau-père.

PIERRE.

C'est préoisément à cause de ça!.. Mamzelle Charlotte était si jolie!

Il pousse un gros soupir.

BERTRAND.

Est-ce que tu y songerais encore, conscrit?

PIERRE.

Oh non! Je sais bien que c'est une grande dame! Mais en vous revoyant, père Bertrand, ça m'a fait tout de même un certain effet!.. Savez-vous que vous avez là un beau bivac?

BERTRAND.

Je n'en suis pas plus fier. Depuis que ma fille est mariée au commandant, qui est si riche, moi je suis riche aussi! Eh bien, s'il faut te dire la vérité, je m'ennuie.

PIERRE.

Vous êtes difficile.

BERTRAND.

Quand j'étais canonnier, je ne m'ennuyais pas! C'est un si bel état que l'état de soldat!.. Et les coups de fusil?.. hein, c'est-il amusant? qu'en dis-tu?

PIERRE.

Moi, je n'ai jamais entendu que ceux de l'exercice à feu.

BERTRAND.

Mais tu me disais tout-à-l'heure que tu as fait une campagne.

PIERRE.

Oui, sûrement, j'arrive d'Italie.

BERTRAND.

Ah! l'Italie! J'y ai été aussi dans le temps; il y faisait chaud.

PIERRE.

Pardine, je crois bien! un soleil superbe.

BERTRAND.

J'y ai déchiré joliment des cartouches. Et toi?

PIERRE.

Moi!.. j'y ai eu trois mois la fièvre.

BERTRAND.

Ah!.. Et dans quelle ville est-ce que tu étais?

PIERRE.

Dans Ancône.

BERTRAND.

Je comprends: tu t'es battu contre les Autrichiens?

PIERRE.

Pas du tout!.. nous sommes très-bien avec les Autrichiens.

BERTRAND.

Vous avez donc rossé les soldats du Pape?

PIERRE.

Pas davantage!.. Nous sommes au mieux avec le Pape.

BERTRAND.

Contre qui donc est-ce que vous vous battiez?

PIERRE.

Contre personne.

BERTRAND.

C'est une drôle de guerre!

PIERRE.

C'est la nouvelle mode.

BERTRAND.

C'est moins dangereux que de mon temps.

PIERRE.

Oh! je sais bien. Vous avez joliment gagné les Invalides, vous!.. Mais aussi, voilà une fameuse retraite. Vous buvez du meilleur, et vous mangez à la table du maître, comme en pays ennemi.

BERTRAND.

Qu'est-ce que tu dis donc là? En pays ennemi!.. le commandant est mon gendre.

PIERRE.

Ce mariage-là a dû faire un fier bruit dans le quartier! Moi, je n'ai pas eu le courage de rester un jour de plus, et je vas à Paris, pour la première fois, depuis ce moment-là. Le régiment est de service le mois prochain.

BERTRAND.

Je suis bien aise de t'avoir trouvé sur la route.

PIERRE.

Oh! je me souviendrai toute ma vie du jour où le commandant a dit : « Comtesse d'Aiglemont, vous êtes chez vous! »

BERTRAND.

La mère a eu beau crier, il a épousé Charlotte; la vieille ne l'a plus revu, et, depuis neuf mois que le mariage est fait, nous demeurons ici, à cinq lieues de Paris. Sais-tu bien que Monsieur mon gendre a sacrifié une place de quatre mille deux cents francs sans barguigner? Le Ministre de la guerre lui a dit : «Ce mariage ne me convient pas. » Et lui, il a répondu : « Mon général, je donne ma démission. » Pas plus gêné que ça.

PIERRE.

Voyez-vous!

BERTRAND.

Le commandant n'est pas ici aujourd'hui : il est allé à Paris pour tâcher de se raccommoder avec sa mère; la chère dame est fière.

PIERRE.

Est-ce qu'il a emmené Mademoiselle... Madame... Comment donc dire?.. Madame la Comtesse?.. Ouf! j'ai bien de la peine à lâcher ce mot-là.

BERTRAND.

Non, tu la verras tout-à-l'heure : c'est qu'elle est dans sa chambre à prendre sa leçon de français.

PIERRE.

Comment, sa leçon de français!.. Est-ce qu'elle ne sait pas le français comme vous et moi?

BERTRAND.

Si fait, comme toi-z-et moi; mais c'est que son mari, vois-tu, il est difficile; il est toujours à éplucher ce qu'elle dit : si bien, qu'elle veut apprendre... là... tu m'entends?

PIERRE.

Oh oui; elle va devenir savante, elle prendra de belles manières, elle rougira de nous!.. Moi aussi, j'apprendrai, j'étudierai!..

BERTRAND.

Apprends l'exercice, mon garçon.

PIERRE.

Ah! vous verrez, quelque jour, père Bertrand!.. Je ne veux pas qu'elle ait honte de moi, et avec du travail... Laissez-moi faire!

BERTRAND.

Je crois que tu en tiens toujours un peu?

PIERRE.

Ah dame! ça ne peut pas se passer si vite. Et est-elle heureuse?

BERTRAND.

Je t'en réponds!.. Son mari l'aime tant! Par exemple, il est drôle; il lui défend de parler avec une demoiselle qu'est ici, et qu'il appelle sa femme-de-chambre; c'est pourtant une fille qu'est très-bien!.. A ça près, c'est le meilleur mari du monde : si elle a envie de quelque chose, elle l'a tout de suite. Il rabâche bien un peu; il trouve souvent à redire quand elle parle; et, l'autre jour encore, vois donc ce que c'est que les gens susceptibles, il lui disait : « Charlotte, je vous ai répété vingt fois qu'il ne faut pas dire, Monsieur un tel et son épouse, on dit sa femme. »

PIERRE.

Ah!..

BERTRAND.

Il lui avait fait commencer la musique, le piano... Mais au bout d'un mois, le commandant s'est impatienté; il a dit que ce n'était pas la peine; qu'elle n'apprendrait jamais. Eh! pardieu, je ne me trompe pas!

Air de la Maison de Plaisance.

La voilà! (*bis*)
Vois comme elle est jolie!

PIERRE.

Ell' me semble embellie;
Quel trouble je sens là!

SCÈNE II.

PIERRE, BERTRAND, CHARLOTTE, *entrant par la porte de gauche.*

BERTRAND, *à Charlotte.*

Approche, et réponds-moi, ma chère,
Ce luron-là, le r'connais-tu?

CHARLOTTE.

Eh mais, c'est notre cousin Pierre!

BERTRAND.

D'Italie, il est revenu.

Tremblant comme un conscrit d' la veille,
Il ne voulait pas s'arrêter;
Mais je l'ai contraint à rester.
Ai-je bien fait!

CHARLOTTE.

C'est à merveille!
Oui, vous avez fait à merveille!

ENSEMBLE.

BERTRAND.

Le voilà! (*bis*)
Sa campagne est finie;
On n' meurt que d'maladie
Dans des guerr's comm' cell's-là.

PIERRE.

La voilà! (*bis*)
Dieu! comme elle est jolie!
Ell' me semble embellie;
Quel trouble je sens là!

CHARLOTTE.

Le voilà! (*bis*)
Je vous en remercie!
Pierre, si je l'en prie,
Avec nous restera.

BERTRAND.

Vois-tu, Charlotte, Pierre va rejoindre son régiment à Paris, et je lui ai dit: Il faut que tu déjeûnes avec nous.

CHARLOTTE.

Certainement, mon père, vous avez très-bien fait.

PIERRE.

Madame, c'est que je suis bien mal équipé pour déjeûner avec vous.

CHARLOTTE.

Comment donc, M. Pierre, est-ce que c'est là une raison?

BERTRAND.

C'est bien, Charlotte; tu es une brave fille. Pierre, dis-moi, quel vin veux-tu à ton déjeûner?

PIERRE.

Ça m'est égal! Mon Dieu, le meilleur.

BERTRAND.

Va, sois tranquille!.. Et le café, et le petit verre... tu vas voir. (*Il sonne.*) C'est comme ça qu'ils viennent. (*à un domestique, qui entre.*) Dites donc, M. Michel, vous prierez le cuisinier de nous faire à déjeûner pour trois.

LE DOMESTIQUE.

Est-ce que Monsieur le Comte revient aujourd'hui?

CHARLOTTE.

Je ne crois pas: mais c'est Monsieur qui déjeûne avec nous.

LE DOMESTIQUE.

Ah!.. Monsieur?

CHARLOTTE.

Oui, et dépêchez-vous, je vous prie. (*Le domestique sort.*) M. Pierre, asseyez-vous donc : vous devez être bien las.

PIERRE.

Oh! j'ai de bonnes jambes.

BERTRAND.

A propos! moi qui oubliais que je dois remettre en état les pistolets du commandant!.. Pierre, cause un peu avec Charlotte : je ne tarderai pas à revenir.

SCÈNE III.

PIERRE, CHARLOTTE.

CHARLOTTE.

Il s'est passé bien des choses depuis que nous ne nous sommes vus.

PIERRE.

Oui, on m'a écrit là-bas que votre cousine Annette est mariée.

CHARLOTTE.

Ah?..

PIERRE.

Vous n'en saviez rien?.. Et Madame Dutour, la mercière, qui est votre cousine aussi, y a-t-il long-temps que vous ne l'avez vue?

CHARLOTTE.

Pas depuis mon mariage.

PIERRE, *à part.*

Ce que c'est que de devenir grande dame! (*Haut.*) Et votre cousin Langlumeau, est-il établi?

CHARLOTTE.

Je ne sais pas.

PIERRE, *à part.*

Il paraît qu'elle ne s'occupe guères de ses parens.

UN DOMESTIQUE.

Madame, voilà Monsieur le Comte qui arrive.

CHARLOTTE.

Mon mari!.. ah! quel bonheur.

Elle court au-devant de lui.

SCÈNE IV.

PIERRE, LE COMTE, CHARLOTTE.

LE COMTE, *entrant par le fond.*

Bonjour, ma chère amie.

CHARLOTTE.

Embrasse-moi encore, mon chéri.

LE COMTE, *à demi-voix.*

Avec qui êtes-vous donc ? Quel est cet homme ?

PIERRE.

Je vous salue, mon commandant.

LE COMTE.

Mais je crois vous reconnaître. N'êtes-vous pas...

PIERRE.

Pierre Moulin, servant dans le 3e régiment d'infanterie, caporal dans la première du deuxième.

LE COMTE.

Et vous rejoignez ? c'est très-bien !.. Michel, faites-lui donner à déjeûner. Adieu, mon ami ; si vous le désirez, je vous recommanderai à votre colonel.

PIERRE.

Merci, mon commandant. Madame, je vous salue ; bien des complimens à mon parrain,

LE COMTE.

Qui donc, son parrain ?

CHARLOTTE.

C'est mon père. Pierre est notre parent.. . de loin : mon père l'avait invité à déjeuner avec nous.

LE COMTE, *à part.*

Allons ! encore celui-là.

CHARLOTTE, *voyant le mécontentement du comte, et allant à Pierre.*

Adieu, Pierre.

LE COMTE.

Attendez... restez, Pierre : vous déjeunerez avec nous, et vous repartirez ensuite.

PIERRE.

Faites excuse, mon commandant ! je n'ai plus faim et je suis pressé.

LE COMTE.

Mais...

CHARLOTTE, *bas à Pierre.*

Restez ; vous voyez qu'il le veut bien.

PIERRE.

Bien des remerciemens : je n'ai que le temps de prendre mes jambes à mon cou.

LE COMTE.

Puisqu'on ne peut vous retenir, adieu donc ! Si je puis vous être utile, disposez de moi.

CHARLOTTE, *à demi-voix.*

Si vous aviez besoin d'argent, Pierre?

PIERRE.

Vous êtes bien honnête.

CHARLOTTE.

Oh! ne vous gênez pas.

PIERRE, *à part.*

Elle a bon cœur, pourtant! *(Haut.)* Je vous salue, Monsieur et Madame.

SCÈNE V.

CHARLOTTE, LE COMTE.

LE COMTE.

Qu'avez-vous, Charlotte?

CHARLOTTE.

Je n'ai rien. C'est ce pauvre garçon qui s'en va bien triste : il dira que je suis fière, et c'est notre parent, après tout.

LE COMTE.

J'ai fait ce que j'ai pu pour le retenir, quand j'ai su qui il était; mais j'attends du monde aujourd'hui, et vos parens...

CHARLOTTE.

C'est toujours quand vous revenez de Paris que vous parlez de mes parens, parce que vous avez vu le grand monde. Dans les premiers mois de notre mariage, vous restiez avec moi, et vous n'en parliez pas.

LE COMTE.

Pardon, ma chère amie!.. Mais vous devez comprendre...

CHARLOTTE.

Pourquoi me dire vous? Est-ce que vous ne m'aimez plus?

LE COMTE.

Je t'aimerai toujours.

CHARLOTTE.

Ah! ces paroles me font bien du bien.

LE COMTE.

Ne dis donc pas *bien du bien* : est-ce qu'on parle ainsi?

CHARLOTTE.

Oh, ne te fâche pas. Mon maître est content de moi; il dit que je fais des progrès. Y avait-il bien des fautes dans la lettre que je t'ai écrite hier?

LE COMTE.

Quand je vois à chaque ligne que tu m'aimes, peu m'importe

ton style ? Mais tu ne me demandes pas de nouvelles de mon voyage à Paris.

CHARLOTTE.

As-tu vu ta mère ? Êtes-vous raccommodés ?

LE COMTE.

Oui, et sans un mot d'explication. Je me suis jeté dans ses bras, elle a pleuré, et tout est oublié. Elle va venir aujourd'hui même avec la Baronne d'Alby, à qui je dois cette réconciliation.

CHARLOTTE.

La Baronne d'Alby !.. Ah ! oui, c'est cette jeune dame... Je m'en rappelle.

LE COMTE.

Il faut dire je me la rappelle. Je t'en prie, tâche de t'observer quand elle sera là.

CHALLOTTE.

Tu ne m'as jamais tant repris qu'aujourd'hui. Écoute, mon Arthur, je ferai de mon mieux pour qu'on ne dise pas que ton épouse... (*mouvement du Comte.*) que ta femme ne te fait pas honneur. Laisse faire ! va, l'hiver prochain, puisque que tu veux retourner à Paris et me mener dans les salons, tu verras comme je serai savante !.. Je commence déjà à bien savoir ma géographie.

LE COMTE.

Ta géographie !..

Air : *Je sais attacher les rubans.*

Oui, je sais sur le bout du doigt
L'Europe, l'Asie et l'Afrique ;
Et c'est après-demain qu'on doit
M'enseigner enfin l'Amérique :
Toutes vos dames du grand ton,
Sur ce point-là, monsieur, je les défie...
Et vous verrez comment, dans un salon,
Je parlerai géographie.

LE COMTE.

Dans un salon ! Hélas, ma chère, ce n'est pas cela qu'il importe de savoir ! Mais dans ce moment, pensons à recevoir ma mère et Madame d'Alby, qui vont arriver bientôt. Tu es en grand négligé : si tu te parais ?

CHARLOTTE.

Si tu m'aimes comme je suis, qu'ai-je besoin de plaire à d'autres ?

LE COMTE.

Je t'aime on ne peut davantage telle que tu es, mais je voudrais que Madame d'Alby et ma mère te trouvassent jolie... très-jolie.

CHARLOTTE.

Que tu es singulier!.. Je ferai ce que tu désireras; et pourtant je ne voudrais pas faire une grande toilette : je suis encore un peu gauche.

LE COMTE.

Eh bien! oui, tu as raison! pas de toilette. Promets-moi seulement de bien retenir mes leçons pendant le dîner.

CHARLOTTE.

Oh, sois tranquille!.. Tu seras content de moi : je sais qu'il ne faut pas couper son pain ; qu'il faut... qu'as-tu donc à rire?

LE COMTE.

Je ris de toi et de moi-même. Va, chère Charlotte, sois toujours douce et bonne comme tu l'es, tu n'auras pas besoin d'autre art pour me charmer.

CHARLOTTE.

Que je suis heureuse!.. Pour de l'amour et de la docilité, tu sais que j'en aurai toujours.

Elle sort par une porte latérale.

SCÈNE VI.

LE COMTE, *seul.*

Excellente enfant!.. En vérité, j'ai honte de gâter un si aimable naturel par toutes ces conventions niaises qu'on appelle les bonnes manières!.. Pauvre Charlotte, ta candeur et ta simplicité valent mieux que les talens qui te manquent. Ah! vous voilà, Bertrand?

SCÈNE VII.

LE COMTE, BERTRAND.

BERTRAND.

Bonjour, commandant. Vous avez fait un bon voyage?

LE COMTE.

Très-bon.

BERTRAND.

Allons, tant mieux.

LE COMTE.

Aviez-vous quelque chose à me dire?

BERTRAND.

Oui, vraiment.

LE COMTE.

Eh bien, parlez.

BERTRAND.

Je viens vous dire adieu : je m'en retourne à Paris.

LE COMTE.

A Paris ! vous ? Et pourquoi ?

BERTRAND.

J'ai des affaires.

LE COMTE.

Quelles affaires pouvez-vous avoir ?

BERTRAND.

Oh, nous autres pauvres diables, nous n'avons pas de grandes affaires, et ce n'est pas la peine de vous ennuyer. Adieu donc, commandant ; je vous souhaite une bonne santé, et je décampe.

LE COMTE.

Que diable avez-vous, Bertrand ? vous semblez de mauvaise humeur.

BERTRAND.

Moi ?.. Oh ! pas du tout.

LE COMTE.

Si fait, soyez franc : que vous est-il arrivé ? Quelqu'un vous aurait-il offensé ?

BERTRAND.

Offensé ?.. Personne. Je serais bien bon de m'offenser, par exemple ! Je sais bien que je ne suis pas le maître ici ; que ce n'est pas à moi de commander : c'est à celui qui paie la soupe à inviter qui il veut pour la manger ; c'est trop juste, et j'aurais tort de me plaindre. Aussi, je ne me plains pas, et je file.

LE COMTE.

Ah, je vous comprends enfin, Bertrand ! Pierre vous a parlé. Mais est-il bien extraordinaire que... ?

BERTRAND.

Non, morbleu, ça n'est pas extraordinaire ! Et si j'étais un homme comme vous, chef d'escadron, riche, noble, tout ce que vous voudrez... eh bien, je me donnerais des airs bien plus que vous. Mais, voyez-vous, je sens que je ne suis pas ici à ma place ; et l'histoire de Pierre, qui s'en va le cœur gros et le ventre vide parce qu'il s'est piqué, ça m'a fait ouvrir les yeux. Je me suis dit : « Que fais-tu là ? » Et alors mon parti a été bientôt pris !.. Je retourne rue du faubourg Saint-Denis.

LE COMTE.

Bertrand, je ne vous laisserai pas partir comme cela.

BERTRAND.

Non, tenez, puisque j'ai tant fait que de me déboutonner, je m'en vas vous dire toute la vérité. Je m'embête ici.

LE COMTE.

Ah!..

BERTRAND.

Oui, je m'embête, parce que je n'y suis pas à mon aise, et je n'y suis pas à mon aise, parce que je n'y suis pas comme j'ai l'habitude d'être.

Air *de Turenne.*

N'gêner personne est mon premier principe ;
Mais, pour cela, faut bien qu'j'e m' gêne ici :
Dans vos salons j'peux pas fumer ma pipe,
J'dine à six heures et j'déjeune à midi ;
Et d' mes façons plus d'une fois on a ri!..
J' pourrais m'fâcher, et chaque jour j'en tremble,
P't-être qu'vous même à la fin vous grogn'rez...
Mais, quand un' fois nous nous s'rons séparés,
Nous s'rons sûrs de bien vivre ensemble.

LE COMTE.

Il me semble que vous ne faites ces réflexions-là que d'aujourd'hui seulement?

BERTRAND.

Faites excuse, mon commandant!.. Il y a long-temps que je pense tout ça. Je suis vieux, queuquefois un peu grognon; j'aime à fréquenter de vieux troupiers comme moi, à faire avec eux une partie de domino à l'estaminet; là, je suis à mon aise; ici, je me gène et je vous gène. Les étrangers qui viendront vous voir riront de moi et de vous; vous perdrez vos amis, et je perdrai les miens!.. Pour ma fille, elle est votre femme, vous devez la garder. Elle prendra les airs des grandes dames, si elle peut; et puis, quand même, si on on se moque d'elle, vous êtes son mari, c'est votre devoir de couper les oreilles aux rieurs, et vous les couperez!.. je vous connais!

LE COMTE.

Bertrand, vous me faites de la peine.

BERTRAND.

Et à moi aussi, ça me fait de la peine de vous quitter : mais que voulez-vous? Séparons-nous bons amis; je reviendrai vous voir plus d'une fois; le matin, quand vous serez seul; je vous demanderai à déjeuner, pour le second s'entend! Je ne suis pas fâché, mon commandant; je vous aime tout de même; mais adieu. Ce soir, je veux fumer ma pipe à l'estaminet du Cheval blanc.

LE COMTE.

Au moins, je vous reverrai bientôt?

BERTRAND.

Oui, à la bonne heure! Ah ça, nous ne parlerons pas à ma fille de tout ce que nous venons de dire; c'est entre nous. Adieu, mon commandant.

SCENE VIII.

LE COMTE, *seul.*

Je trouve tant de vertus... et pourtant.. si peu de bonheur!

UN DOMESTIQUE, *apportant une harpe, des pinceaux et de la musique.*

Voilà tout ce que Monsieur le Comte a demandé.

LE COMTE.

C'est bien. (*Le domestique sort.*) La Baronne pourra nous chanter quelques airs nouveaux. Il y a si long-temps que je n'ai entendu de bonne musique!.. Comme elle est aimable!.. Venir ici! Elle à qui j'ai préféré... Mais elle a tant de grâces! tant d'esprit!.. Je crois, en vérité, que, depuis mon mariage, elle est encore embellie!.. Pourvu que Charlotte soit bien?.. Elle n'est pas en beauté aujourd'hui!.. Si elle allait être timide et gauche?.. Je tremble!.. Quelle faiblesse!.. J'en ai honte!.. Ne sont-ce pas de sots préjugés que j'ai sacrifiés?.. Et la naïveté de Charlotte n'est-elle pas préférable à la coquetterie de la Baronne?

SCÈNE IX.

LE COMTE, CHARLOTTE, *accourant par une porte latérale.*

CHARLOTTE.

Arthur, une voiture entre dans le parc.

LE COMTE.

C'est sans doute ma mère et Madame d'Alby.

CHARLOTTE.

Oh mon Dieu, comme j'ai peur!

LE COMTE.

Allons au-devant d'elles... Mais remettez-vous... remettez-vous donc!.. Et, je t'en prie, Charlotte, prends bien garde à ce que tu diras... Ah! les voici.

SCENE X.

LA BARONNE D'ALBY, LA COMTESSE, LE COMTE, CHARLOTTE.

LA COMTESSE.

Bonjour, Arthur. Bonjour... Madame.

CHARLOTTE.

Je suis...

LE COMTE, *l'interrompant.*

Que je suis heureux de vous voir! (*à la baronne.*) Permettez que je vous présente Madame d'Aiglemont.

LA BARONNE.

Il y a long-temps que je désirais faire avec Madame une plus ample connaissance.

CHARLOTTE.

Vous êtes bien bonne, madame, et je vous remercie bien, car. . .

LE COMTE, *l'interrompant.*

N'êtes-vous pas fatiguée?

LA BARONNE.

Pas du tout. Mais, en vérité, chère Comtesse, ce château est délicieux.

LA COMTESSE.

J'y ai trouvé, dans des temps malheureux, un abri contre les chagrins.

LA BARONNE.

Et votre fils y cherche aujourd'hui un asile contre les plaisirs.

LE COMTE.

C'est que je crois que si les chagrins détruisent le bonheur, les plaisirs le dérangent.

LA COMTESSE.

Et vous êtes heureux?

LE COMTE.

Très-heureux.

LA COMTESSE, *à demi-voix.*

En êtes-vous bien sûr?

LE COMTE.

Très-heureux.

LA COMTESSE, *à Charlotte.*

Et vous, Madame?

CHARLOTTE.

Si je suis heureuse?. . Il est toujours près de moi.

LA BARONNE.

Ce bonheur-là peut suffire pendant l'été; mais, cet hiver, vous reviendrez à Paris. Il ne faut pas nous enlever entièrement Monsieur le Comte, et vous-même vous ne devez pas vous séquestrer du monde.

CHARLOTTE.

Je ferai ce que mon mari voudra; et j'avoue que je ne serai pas fâchée de revoir ma famille, mes amies d'enfance, car. . .

LE COMTE, *l'interrompant.*

Oui, sans doute, oui, nous irons à Paris. (*à la Baronne.*) Si vous vouliez jeter un coup-d'œil sur le parc, sur les jardins?

LA BARONNE.

Tout-à-l'heure. Oh, vous aurez le temps de faire le propriétaire, je vous promets de tout examiner. (*Regardant la harpe et la musique.*) Ah, je vois que les arts charment votre solitude. Cette harpe, ces pinceaux sont à Madame ?

CHARLOTTE.

Non, vraiment; vous sentez bien que ce n'est pas...

LE COMTE, *l'interrompant.*

La Comtesse ne s'est occupée que du piano; et c'est à votre intention que j'ai fait apporter cela ici.

LA BARONNE.

J'en suis reconnaissante.

LA COMTESSE, *à part.*

Pauvre Arthur! comme il est embarrassé.

UN DOMESTIQUE, *entrant.*

Monsieur le Comte, un exprès apporte cette lettre de l'auberge voisine; on attend une réponse.

LE COMTE.

Vous permettez, Madame. (*Il ouvre la lettre.*) Ah! c'est de cet étourdi de Monval; il arrive d'Italie.

LA BARONNE.

Il revient? J'en suis charmée.

LE COMTE.

Écoutez ce qu'il m'écrit.

« Mon cher Arthur; j'arrive d'Ancône, et, en m'arrêtant » près de ton château, j'apprends que tu l'habites en ce moment, et, de plus, que tu t'es marié pendant mon absence. » Je peux rester ici quelques heures, et si tu veux me présenter à la Comtesse d'Aiglemont, que je n'ai pas l'honneur de » connaître, j'irai déposer mes hommages à ses pieds, heureux de rencontrer chez toi un avant-goût des plaisirs que » je vais retrouver à Paris. J'attends ta réponse à l'auberge.

» Ton affectionné et bien ennuyé camarade,

» LÉON DE MONVAL. »

LA BARONNE.

Il faut qu'il vienne; il nous amusera.

LE COMTE.

Je ne demande pas mieux.

LA COMTESSE.

Allez le chercher, Arthur.

LE COMTE.

Vous avez raison, ma mère; l'auberge est ici près : je vais le chercher, et j'amène à vos pieds le conquérant d'Ancône.

SCÈNE XI.

LA BARONNE, LA COMTESSE, CHARLOTTE.

LA COMTESSE.

Ma chère amie, vous devriez exécuter quelque chose sur cette harpe.

LA BARONNE.

Cela n'amuserait peut-être pas Madame d'Aiglemout.

CHARLOTTE.

Oh, si fait, Madame.

LA BARONNE.

Quel est cet ouvrage que j'aperçois.

CHARLOTTE.

C'est une broderie.

LA BARONNE.

C'est extrêmement joli.

CHARLOTTE.

Vous trouvez?.. Celle que vous portez est bien plus belle : est-ce votre ouvrage?

LA BARONNE, *souriant.*

Mon ouvrage!.. non : elle sort de chez Minette.

CHARLOTTE.

Mon Dieu!.. Elle est déchirée.

LA BARONNE.

Vraiment?.. c'est sans doute en descendant de voiture.

CHARLOTTE.

Je peux y coudre un point.

LA BARONNE.

Oh, je ne voudrais pas que vous prissiez cette peine.

CHARLOTTE, *prenant une aiguille, et se disposant à coudre.*

Je vous en prie, ce sera un plaisir pour moi de vous être utile.

LA BARONNE.

Non, non! c'est trop de bonté!.. Je n'y consentirai point.

LA COMTESSE, *à part.*

Sa naïve simplicité me touche.

UN DOMESTIQUE, *annonçant.*

Monsieur de Monval.

SCÈNE XII.

CHARLOTTE, LA BARONNE, LA COMTESSE, MONVAL.

MONVAL.

Mille pardons, Mesdames, de me présenter ainsi!.. Je n'ai pas eu la patience d'attendre.

LA COMTESSE.

Mon fils est allé vous chercher.

MONVAL.

Ce cher Arthur est bien bon! mais à peine mon exprès était-il parti, que j'ai réfléchi : c'est ce qui m'arrive toujours. J'ai songé que n'ayant que quelques heures à rester ici, il était ridicule d'en passer une dans une misérable auberge, et je me suis mis en route; j'aurai pris un autre chemin qu'Arthur. J'étais empressé d'offrir mes hommages respectueux à la Comtesse d'Aiglemont. *(Il s'adresse à la Baronne.)* Mais j'ignorais tout le bonheur de mon ami, *(à la Comtesse.)* Je ne pensais pas non plus vous rencontrer en ce château, Madame. *(Il regarde Charlotte.)* Eh mais, je suis ici tout-à-fait en pays de connaissance... Est-ce que vous ne vous souvenez plus de moi?

LA COMTESSE, *à part.*

Que vais-je apprendre? Profitons de son erreur.

CHARLOTTE.

Je me souviens d'avoir vu Monsieur chez Madame Robert, lingère, rue Saint-Honoré.

LA BARONNE, *à Monval.*

Ah, vous connaissez des lingères?

MONVAL.

En tout bien, tout honneur! Une ancienne femme-de-chambre de ma mère, qui a recueilli un héritage, et élevé un magasin où l'on voit toujours des demoiselles de boutique charmantes.

LA BARONNE.

En vérité?

MONVAL.

Madame Robert a été vingt ans à la maison; elle m'a soigné quand j'étais enfant, et la reconnaissance...

LA BARONNE.

Les jolies filles de boutique.

MONVAL.

Et mon goût pour l'observation, m'ont conduit quelquefois chez elle. *(à Charlotte.)* Qu'est devenue cette charmante personne, à l'œil noir, à la physionomie piquante...

CHARLOTTE.

Celle que vous meniez promener si souvent? Cécile Bizot?. .

MONVAL.

Non... non!. .

CHARLOTTE.

Ah!. . ma cousine Dutour?. .

SCENE XIII.

CHARLOTTE, LA BARONNE, MONVAL, LE COMTE, LA COMTESSE.

LE COMTE.

Te voilà, mon cher Monval!. . Parbleu, tu m'as fait courir.

MONVAL.

Pardonne-moi, mon ami : je désirais tant te revoir!. . Mais mon empressement eût été encore plus vif si j'avais su qui je trouverais ici.

LE COMTE.

En effet!. . Je suis désolé de ne t'avoir pas présenté moi-même à la Comtesse d'Aiglemont.

MONVAL.

Pendant dix mois hors de France, je n'ai rien su de qui se passait dans notre cher Paris. J'ai appris à l'auberge que tu étais marié... Reçois tous mes complimens : les grâces, la beauté, une société délicieuse...

LE COMTE.

Je mène une vie retirée.

MONVAL.

Je comprends! pour quelques mois!. . Premiers momens de l'amour, que n'oublierait-on pas pour vous? Mais il ne faut pas d'égoïsme; tu n'as pas quitté le monde pour toujours.

LA BARONNE.

Nous espérons bien que Monsieur d'Aiglemont passera l'hiver à Paris.

MONVAL.

A la bonne heure! J'oublierai tous mes ennuis près de vous. On a tant besoin de s'amuser quand on a du chagrin.

LE COMTE.

Le tien ne nous donnera pas d'inquiétude.

MONVAL.

Oh, j'en ai un réel : une passion malheureuse!

LA COMTESSE.

Vous, Monsieur de Monval!

MONVAL.

Oui, moi, ne riez pas! Savez-vous que j'ai été aussi sur le point de me marier? Mais c'était bien différent!.. Une vraie folie; un mariage d'amour; une jeune fille qui ne m'apportait pour dot que des vertus!.. J'ai réfléchi à l'inconvenance, et j'ai rompu.

LE COMTE.

Comment! Monsieur de Monval n'a pas craint d'abandonner une jeune fille dont il était aimé?

MONVAL.

Entre nous, c'était un mariage extravagant!.. Une famille ridicule!.. Il m'a fallu du courage!.. Mais il n'y a rien de tel que nous autres étourdis pour agir raisonnablement.

Air : *Je loge au quatrième étage.*

Vrai, c'est à tort que l'on nous fronde,
Car nous en sommes tous témoins,
Sur dix sottises, dans le monde,
Les sages en font neuf au moins : (*bis.*)
Oui, sans peine la raison quitte
Les gens qui sermonnent toujours;
On n'en a plus pour sa conduite,
Quand on met tout dans ses discours!

LE COMTE.

C'est souvent un devoir et non une sottise que d'agir contre l'usage.

MONVAL.

Bah! Il est déjà assez difficile d'avoir raison comme tout le monde; jugez donc s'il fallait avoir raison à soi tout seul!... J'ai senti cela, et je cherche à me distraire. Je vais retrouver à Paris d'anciens souvenirs. (*à Charlotte.*) Vous disiez donc que la cousine Dutour...

CHARLOTTE.

Monsieur, elle s'est établie mercière, rue aux Ours.

MONVAL.

Rue aux Ours!.. qui aurait dit cela?

LE COMTE, *s'approchant.*

Mais...

MONVAL.

Laisse-moi donc : je connaissais Mademoiselle Charlotte Bertrand.

LE COMTE.

Vous connaissiez?..

MONVAL.

Mais honni soit qui mal y pense!.. Mademoiselle Charlotte était une vertu sévère.

LE COMTE.

Monsieur !..

MONVAL.

Ne vas-tu pas prendre de grands airs parce que tu es marié? D'ailleurs, Mademoiselle appartient à Madame, et j'ai trop de respect...

CHARLOTTE, *à part.*

Malheureuse!

LE COMTE.

Qu'osez-vous dire?

LA BARONNE.

Vous vous trompez, Monsieur.

CHARLOTTE.

Arthur! Arthur!

MONVAL.

Que signifie cela?

LE COMTE, *allant se placer près de Charlotte.*

Que vous vous êtes mépris, et que voici la Comtesse d'Aiglemont.

MONVAL.

Grand Dieu! qu'ai-je fait?.. Mais qui se serait douté?.. Veuillez m'excuser, Madame!.. Et toi, mon ami, crois que si j'avais pu croire...

LE COMTE, *avec une émotion contrainte.*

Je ne vous en veux pas : je ne dois pas vous en vouloir; vous ignoriez...

LA COMTESSE.

Sans doute. Allons, qu'il ne soit plus question de tout cela. Je voudrais prendre un instant de repos.

LA BARONNE.

Et moi, changer de toilette.

LA COMTESSE.

Nous vous retrouverons ici, Monsieur de Monval?

MONVAL.

Je ne sais, Madame, si j'aurai ce bonheur : il faut que je me rende à Paris.

LE COMTE, *avec beaucoup d'aigreur.*

En effet, après une campagne, on est pressé de raconter ses exploits, de montrer ses trophées, ses blessures.

MONVAL.

Il n'y en a pas pour tout le monde.

LE COMTE.

Comment donc! Demain, chez Tortoni, au foyer de l'Opéra,

Monsieur de Monval sera un héros. Il a contribué à la prise d'Ancône!

MONVAL.

Arthur!..

LE COMTE.

Comme on va frémir dans les boudoirs, dans les coulisses, au seul récit de ses dangers!.. A combien de processions avez-vous assisté ?

MONVAL.

Encore une fois, Arthur!..

LE COMTE.

Il faudra nous envoyer un exemplaire du journal qui publiera la relation de vos prouesses : cela nous divertira.

MONVAL.

D'Aiglemont, ce ton de persifflage...

LE COMTE.

Oh, j'ai tort!.. Il est dangereux de plaisanter un guerrier tel que Monsieur de Monval.

MONVAL, *à demi-voix.*

Peut-être.

LA COMTESSE, *se plaçant entre Monval et le Comte.*

Eh bien, Messieurs, que veut dire cela?

LA BARONNE.

Êtes-vous fous tous les deux?

CHARLOTTE, *à part.*

Arthur a l'air fâché.

LE COMTE, *avec un sourire forcé.*

Ce n'est rien, Mesdames, rien qu'un badinage, et Monsieur de Monval a l'esprit bien fait.

LA COMTESSE.

A la bonne heure! (*à demi-voix au Comte.*) Mon cher Arthur, mon fils, revenez à vous, et supportez le sort que vous avez choisi. (*à la Baronne.*) Allons, ma chère amie!.. (*à Monval, qui lui offre la main et la reconduit.*) Monsieur de Monval, à revoir!.. Vous êtes l'hôte de mon fils.

MONVAL.

Je ne l'oublierai pas.

SCENE XIV.

CHARLOTTE, LE COMTE, MONVAL.

MONVAL, *à demi-voix.*

Ah ça, Arthur, avez-vous perdu la raison? Que dois-je penser d'un pareil langage?

LE COMTE, *à demi-voix.*

Est-ce qu'il vous offense?

MONVAL, *de même.*

Vous devez comprendre que si je n'étais pas chez vous...

LE COMTE, *de même.*

Oh, ne vous gênez pas!... Mais, silence : nous causerons de cela tout-à-l'heure dans le parc. (*Haut.*) Eh bien, Monsieur de Monval, ne faisons-nous pas un tour de promenade?

CHARLOTTE.

Arthur, vous me quittez?

LE COMTE.

Pour un instant, ma chère amie. Occupez-vous de ma mère, de la Baronne : je reviens bientôt. Ne faut-il pas que je fasse les honneurs de ma maison à un ancien ami?

CHARLOTTE.

Ne soyez pas long-temps. Ici, je n'ai que vous.

LE COMTE.

N'êtes-vous pas chez vous, Madame?... Mais j'aperçois votre père; il vous cherche, il veut vous parler.

MONVAL, *à part.*

Ah, c'est là le beau-père.

LE COMTE, *à Monval.*

Allons, je suis à vous.

SCENE XV.

CHARLOTTE, BERTRAND.

BERTRAND.

Qu'est-ce qu'il y a donc? Tu es toute je ne sais comment.

CHARLOTTE.

Rien, rien, mon père.

BERTRAND.

Si fait, parbleu, il y a quelque chose! Et qu'est-ce que c'est que ce nouveau venu? Il m'a regardé d'une façon qui ne me plaît pas!.. Ah, bast!.. Ecoute donc, il y a une heure que je te cherche pour te dire adieu : je vas à Paris.

CHARLOTTE.

Vous partez?

BERTRAND.

Oui, j'ai quelques affaires.

CHARLOTTE.

Hélas! mon Dieu, je crois deviner, et je n'ose pas vous retenir.

BERTRAND.

Pierre est encore là, je vais faire route avec lui, il avait envie de te faire ses adieux.

CHARLOTTE.

Qu'il vienne.

BERTRAND, *à la cantonnade.*

Allons, Pierre, avance, mon garçon.

SCENE XVI.

CHARLOTTE, PIERRE, BERTRAND.

PIERRE.

Madame veut donc bien permettre?..

CHARLOTTE.

Oui, adieu, Pierre : ayez bien soin de mon père.

PIERRE, *à part.*

Quelle douce voix!... (*haut.*) Adieu donc... Madame la Comtesse!..

Il paraît ému.

CHARLOTTE, *avec intérêt.*

Mon ami!..

PIERRE.

Oh! ne croyez pas, Madame, que je sois fâché de votre bonheur! Vous n'étiez pas faite pour être la femme d'un pauvre ouvrier : non!

Air : *En amour comme en amitié.*

Votre bonheur ne doit pas m'attrister;
Il n' pouvait pas, hélas, êtr' mon ouvrage!
P't-êtr' pour toujours il me faut vous quitter.
Que votr' sort soit heureux et qu'un autre l' partage.
Mais si, pour vous, ma fidèle amitié
Avait conçu des espérances vaines,
Si quelque jour vous éprouviez des peines,
Souffrez que j' vienne en prendre la moitié.

BERTRAND.

Allons donc! qu'est-ce que c'est que toutes ces idées-là?.. Voyons, il est temps de se mettre en route.

On entend deux coups de feu.

CHARLOTTE.

Qu'est-ce que cela?

BERTRAND.

Des chasseurs, sûrement. Embrasse-moi, Charlotte, et porte-toi bien.

CHARLOTTE.

Au moins, mon père, je vous reverrai bientôt?

BERTRAND.

Oui, sans doute, oui, mon enfant, je viendrai te voir. Adieu.

PIERRE.

Adieu, Madame : soyez bien heureuse.

SCENE XVII.

CHARLOTTE, *seule.*

Ils sont partis!.. Me voilà seule!.. seule!..

UNE VOIX, *dans la coulisse.*

Au secours! Michel! Joseph!..

CHARLOTTE.

Grand Dieu! qu'y a-t-il?

LA BARONNE, *sortant de son appartement.*

Qu'est-ce donc?

LA COMTESSE, *accourant.*

Qu'est-il arrivé?

SCENE XVIII.

LA BARONNE, BERTRAND, LE COMTE, *entrant par la porte du fond; il est blessé au bras, et s'appuie sur Bertrand et sur* PIERRE, *qui place un siége au milieu du théâtre;* CHARLOTTE, LA COMTESSE.

CHARLOTTE, *courant au-devant du comte.*

Ah!.. mon mari!

LA COMTESSE.

Mon fils!

LA BARONNE.

Du secours! du secours! Un chirurgien!

BERTRAND.

Pas tant de bruit; il n'y a pas de danger : le camarade n'en est pas quitte à si bon marché; il a une jambe cassée.

LA BARONNE.

Comment? et pourquoi?

BERTRAND.

Dame! le commandant aura voulu châtier cet insolent qui se sera moqué de Charlotte.

LA COMTESSE.

Hélas, j'en tremblais!

LE COMTE, *assis.*

Ce n'est rien, ce n'est rien, tranquillisez-vous.

CHARLOTTE.

Mon Arthur!.. Dieu, comme il est pâle!.. Il va perdre connaissance!.. Malheureuse que je suis!

LA COMTESSE, *l'arrachant d'auprès du Comte.*

Laissez-moi, laissez-moi secourir mon fils.

CHARLOTTE.

Oh! ne me repoussez pas.

LA COMTESSE.

Retirez-vous.

CHARLOTTE.

Non, non!.. c'est à moi de le soigner.

LA COMTESSE.

Malheureuse!.. c'est vous qui l'avez tué.

CHARLOTTE, *poussant un cri déchirant.*

Ah!..

BERTRAND, *qui a pansé la blessure.*

Eh, je vous dis qu'il n'y a pas d'inquiétude pour sa vie.

LA BARONNE.

Il ouvre les yeux.

LA COMTESSE.

Mon fils!

LE COMTE.

Ma mère!.. (*Ils s'embrassent.*) Charlotte!..

CHARLOTTE, *courant auprès du Comte.*

Oh, pardonne-moi! pardonne-moi!.. Je suis cause... Ah, il n'y a pas de bonheur possible entre nous.

LE COMTE.

Que dis-tu?

CHARLOTTE.

Arthur, votre cœur, je peux le deviner souvent; mais vos idées, je ne peux pas les comprendre!.. Je vous fais honte!.. J'ai exposé tes jours!..

LE COMTE.

Charlotte!..

CHARLOTTE.

Cette blessure... cette blessure...

BERTRAND.

Soyez donc tranquille : ce ne sera rien.

PIERRE, *à part.*

Comme elle souffre!

LA BARONNE, *à part.*

Il a rougi d'elle!.. son règne est passé!

On s'empresse autour du Comte, la toile tombe.

ACTE TROISIÈME.

Le Théâtre représente la chambre de Charlotte dans l'hôtel du comte d'Aiglemont. — Au lever du rideau, Charlotte est endormie sur un fauteuil, à gauche de l'acteur, près d'une table sur laquelle brûle une bougie presque consumée. Une autre table est à droite ; une causeuse et une toilette.

SCÈNE PREMIÈRE.

CHARLOTTE, *endormie;* LE COMTE, *entrant suivi d'un domestique qui porte un riche nécessaire et le dépose sur la table à droite.*

LE COMTE.

Posez cela ici, et laissez-moi. (*Le domestique sort.*) Que vois-je? Charlotte!.. Elle dort!.. La bougie brûle encore... Elle ne s'est pas couchée!.. son sommeil paraît agité.

CHARLOTTE, *dormant, elle a l'air d'écouter l'heure.*

Une... deux... trois... Trois heures du matin!.. Il ne reviendra plus!.. Comme le bal est brillant!.. Que de fleurs! de diamans!.. Comme elles sont jolies cee femmes!.. Comme elles dansent bien!

LE COMTE.

Pauvre Charlotte!

CHARLOTTE, *toujours dormant.*

Si je pouvais aussi... non!.. Elles rient toutes... elles se moquent de moi... Dieu!.. sortons. (*Elle s'agite, fait un mouvement pour se lever et s'éveille.*) Ah!.. Arthur, mon Arthur! te voilà!.. tu rentres?

LE COMTE.

Chère amie, je suis rentré depuis longtems : il est dix heures du matin.

CHARLOTTE.

Ah!.. Je me suis endormie... là... je ne sais comment.

LE COMTE.

Veiller ainsi! Charlotte, tu te rendras malade.

CHARLOTTE.

Je lisais... je travaillais... le sommeil m'a surprise.

LE COMTE.

Tu me trompes!.. ton inquiétude seule t'a fait attendre mon retour.

CHARLOTTE.

Cher Arthur, pardonne! Quand je te sais rentré dans ton appartement, je dors mieux... je repose plus tranquille.

LE COMTE.

Les réunions se prolongent tard.

CHARLOTTE.

Oui, bien tard!

LE COMTE.

Depuis trois mois que nous sommes de retour à Paris, tu partageais avec moi ces devoirs de la société, puis tu y as renoncé.

CHARLOTTE.

Tu n'as que trop éprouvé d'humiliations à cause de moi. Arthur, ces plaisirs, tu n'en jouissais pas quand j'étais là! Inquiet de tout ce que je disais, troublé par la crainte de me voir l'objet des railleries de tes belles dames, tu étais malheureux! Et moi, comme je souffrais! Seule, auprès de toi, je suis parvenue peut-être à m'exprimer sans trop de ridicule; mais, dans ces brillans salons, je me sens gauche, embarrassée; je ne peux pas trouver une parole; je te fais rougir!.. Je l'ai vu, et je me suis dit: Laissons-lui les amusemens auxquels il est habitué; n'ôtons rien à son bonheur; ajoutons-y seulement l'amour. Quand il sera las de ces plaisirs bruyans, il reviendra près de moi. Dans le monde, il s'amusera; ici, il sera aimé.

LE COMTE.

Bonne Charlotte! Je ne t'oublie pas; vois ces bagatelles; je les ai achetées pour toi... Cela te plaît-il?

CHARLOTTE.

C'est charmant!.. Que tu es bon de penser à moi!

LE COMTE.

Chère amie!..

CHARLOTTE.

Tu baises ma main comme si j'étais une grande dame.

LE COMTE, *l'embrassant.*

L'aimes-tu mieux ainsi?

CHARLOTTE.

Il y a des momens où je suis bien heureuse!.. Celui-ci, par exemple: je ne t'avais pas vu seul depuis bien des jours!... Viens t'asseoir là, près de moi. (*Ils vont s'asseoir sur une causeuse.*) T'es-tu bien amusé à ce bal? Qui as-tu vu?

LE COMTE.

Toute la France y était: d'abord, la belle duchesse de La Trémouille.

CHARLOTTE, *riant.*

La Trémouille!.. Oh, quel drôle de nom!

LE COMTE, *sérieusement*

C'est un nom qu'il n'est pas permis d'ignorer en France.

CHARLOTTE, *tristement.*

Ah!.. Et ensuite?

LE COMTE.

Quand je te nommerais d'autres personnes, leurs noms te seraient tout aussi inconnus.

CHARLOTTE, *soupirant.*

C'est vrai!.. Mais tu y as vu Madame d'Alby?

LE COMTE.

Oui, sans doute.

CHARLOTTE.

Et qu'a-t-on fait?

LE COMTE.

Ce qu'on fait partout. Madame Malibran a chanté un air d'*Otello*... Mais tu ne connais pas la musique italienne; tu n'as pas voulu d'une loge aux bouffes.

CHARLOTTE.

Tu sais bien que ce n'est pas ma faute : le jour où tu m'y as conduite, je me suis endormie au premier acte.

LE COMTE.

Après la musique, on a dansé, on a joué à l'écarté, et l'on a soupé.

CHARLOTTE.

Et les toilettes?

LE COMTE.

Charmantes!.. mais dire de quoi elles se composaient me serait impossible.

CHARLOTTE.

As-tu dansé?

LE COMTE.

J'ai valsé avec Madame d'Alby.

CHARLOTTE.

Elle était bien mise?

LE COMTE.

Comme un ange!.. Une robe de tulle garnie de camélias...

CHARLOTTE.

Ah!.. Vous avez retenu sa toilette à elle!.. Avez-vous gagné à l'écarté?

LE COMTE.

Je n'ai pas joué : je suis resté à causer. On racontait des histoires si drôles et d'une façon si piquante!..

CHARLOTTE.

Dites-les-moi.

LE COMTE.

Il faudrait, pour que cela t'intéressât, connaître les personnages.

CHARLOTTE.

C'est juste !.. Et qui contait ces histoires ?.. Madame d'Alby, sans doute ?

LE COMTE.

Elle... et d'autres.

CHARLOTTE, *se levant, après un moment de silence.*

Arthur !.. il y a eu dans notre union un hasard malheureux ; nous n'avons eu ni l'un ni l'autre le tems de réfléchir.

LE COMTE.

Que dis-tu ?

CHARLOTTE.

Pendant quelque tems, j'ai cru qu'à force d'étudier, je pourrais m'élever jusqu'à vous... mais je vois bien qu'il y a des choses qu'il faut apprendre dès l'enfance. Vous-même, vous avez renoncé à m'instruire ; vous ne me reprenez plus.

LE COMTE.

Tu as fait des progrès : ton langage s'est épuré.

CHARLOTTE.

Oh ! je sens bien que tu ne peux pas causer avec moi comme tu le fais... avec Madame d'Alby par exemple.

LE COMTE, *embarrassé.*

Madame d'Alby.

CHARLOTTE.

Près d'elle, près de ta mère, je suis mal à l'aise : si tu savais combien j'ai besoin de trouver des gens qui ne me dédaignent pas !.. Et, puisque je ne pourrai jamais convenir à tes parens, permets-moi de recevoir quelquefois les miens.

LE COMTE.

Je ne m'y oppose pas, si tu crois que cela peut te rendre heureuse.

CHARLOTTE.

Depuis mon mariage, je n'ai vu aucune de mes amies d'enfance, et je t'avoue, Arthur, que je n'avais pas attendu ta permission pour engager une cousine à venir passer la journée avec moi.

LE COMTE.

A la bonne heure.

CHARLOTTE.

A propos, j'oubliais : voilà une invitation de Madame de Verigny. Elle m'est adressée.

LE COMTE.

La sœur de Monval. C'est à son frère que tu dois cette invitation : il a pour toi, lui, tous les égards que la comtesse d'Aiglemont est en droit d'attendre.

CHARLOTTE.

Tu le lui as appris un peu rudement il y a trois mois.

LE COMTE.

Ah oui! une jambe cassée!.. Pauvre ami! j'en ai été désolé; c'est un étourdi, mais il a un cœur excellent. Oh mon Dieu, bientôt onze heures!.. Pardon, ma chère amie, il faut que je te quitte; je déjeune avec quelques amis, puis je dois monter à cheval.

CHARLOTTE.

Tu iras au bois de Boulogne? il y a des femmes qui savent monter à cheval? Madame D'alby sans doute?

LE COMTE.

Oui, je crois qu'oui!.. Mais, à revoir, tu dois être fatiguée; repose toi jusqu'à mon retour.

SCENE II.

CHARLOTTE, *seule.*

Il s'en va!.. Je ne sais pourquoi je me sens si agitée : il m'aime!.. J'en suis sûre!.. S'il avait préféré madame D'alby, il l'aurait épousée... Pourquoi donc ce nom me fait-il mal?.. C'est moi, moi seul qu'il aime!.. ah, si je cessais de lui plaire... Mais chassons ces tristes idées; il fautque je m'occupe de ma toilette. Ma cousine Dutour viendra sûrement de bonne heure; je me fais une joie de la revoir, de causer avec elle. *(Elle sonne, une femme de chambre entre)*. Sophie, je vais m'habiller; ma toilette.

Air : *Musc des bois.*

A mes ennuis, à ma longue tristesse,
Son amitié va dérober un jour;
Des doux plaisirs qui charmaient ma jeunesse,
Je crois déjà saluer le retour!
Quand le présent nous livre à la souffrance,
Vers le passé, qu'on aime à revenir! .
Puisqu'à jamais j'ai perdu l'espérance,
Consolons-nous avec le souvenir.

SCENE III.

CHARLOTTE, MAD. DUTOUR, SOPHIE.

MAD. DUTOUR, *à la cantonnade.*

Ne m'annoncez pas; je suis madame Dutour, la cousine de madame, je n'ai pas besoin qu'on m'annonce. *(Entrant)*. Bonjour ma cousine; comment ça va-t-il, ma cousine?

CHARLOTTE, *l'embrassant.*

Pas mal aujourd'hui ; et vous ?

MAD. DUTOUR.

A merveilles!.. Ah ça, je viens vous remercier de l'amabilité que vous avez eue de m'inviter à passer la journée avec vous.

CHARLOTTE.

Est-ce que vous ne pouvez pas ?

MAD. DUTOUR.

Si fait, si fait! je serai seulement obligée de vous quitter une heure pour une affaire de mon commerce, et puis je reviendrai ; c'est pour ça que j'arrive de bonne heure. Entre amies, on a bien des choses à se raconter, quand il y a longtemps qu'on ne s'est vu. Il paraît que monsieur D'Aiglemont votre mari, mon cousin, ne se souciait guères de me voir depuis trois mois que vous êtes à la ville. Enfin, je me disais : il faudra bien finir par faire connaissance, puisque c'est mon cousin! mais c'était vexant d'avoir un cousin comte et si riche, et de ne pas le connaître. Car je ne l'ai jamais vu votre mari!.. Est-il joli garçon ?

CHARLOTTE.

Il est très bien,

Sophie rentre et apporte une robe.

MAD. DUTOUR.

Tant mieux; ça ne peut pas nuire. *(Elle examine les robes).* Oh, que c'est joli tout cela! quelle belle robe! qui est-ce qui aurait dit que vous seriez un jour comtesse? et de si belles parures!.. *(Elle soupire).* Comme vous êtes heureuse, cousine!.. Mais je vous trouve plus sérieuse qu'autrefois.

CHARLOTTE.

Ma santé n'est pas très bonne.

MAD. DUTOUR.

Ça ne sera rien : est-ce qu'on peut être malade quand on a de fameux médecins, le temps de se soigner, et le cœur content?

CHARLOTTE, *à part.*

Le cœur content!

MAD. DUTOUR.

Ce n'est pas que je me plaigne! Dieu merci, je n'ai pas de raison d'être triste, je suis veuve, et mon commerce va son train.

CHARLOTTE, *à part.*

Quel langage! quelles manières!.. Est-ce qu'elle était ainsi autrefois ?

MAD. DUTOUR.

Y a-t-il long temps que vous n'avez vu notre parent Pierre Moulin ?

CHARLOTTE.

Pas depuis mon retour à Paris.

MAD. DUTOUR.

Vous ne savez pas, ma chère, ce n'est plus le même homme, il passe sa vie le nez dans les livres, il travaille, il étudie, aussi il est déjà sergent-major !.. Il a perdu son air gauche, il a une tournure à présent !.. C'est un charmant cavalier, je dis cavalier, quoiqu'il soit dans l'infanterie. On voulait le marier, ah bien oui ! Il paraît qu'il a une passion dans le cœur.

CHARLOTTE.

Ah ! en vérité ?

MAD. DUTOUR.

Oui mais impossible de savoir pour qui ! ah ça dites donc, ma cousine, votre belle mère m'a ôté sa pratique, elle se gante à présent chez Walker : vous devriez bien lui parler en ma faveur. Au reste, je la verrai sûrement ici, et je lui parlerai moi-même.

CHARLOTTE, *à part.*

Dieu ! que dira-t-elle ?

MAD. DUTOUR.

Tout à l'heure madame la baronne D'alby me disait encore : « Madame Dutour, personne ne me gante mieux que vous ».

CHARLOTTE.

Madame D'alby !

MAD. DUTOUR.

Oui, j'ai toujours sa pratique, et puis sa femme de chambre est une de mes amies.

CHARLOTTE, *à part.*

Sa femme de chambre.

MAD. DUTOUR.

Elle a une bonne condition, bien des profits... Madame D'alby est généreuse. *(A Sophie)*. Vous riez, Mademoiselle ? je suis sûre que vous n'avez pas à vous plaindre de votre maîtresse.

CHARLOTTE, *s'occupant de sa toilette.*

Cette pauvre Sophie... vous me faites penser que je ne lui ai rien donné depuis long-temps. Tenez, voilà un schall dont je vous fais présent.

SOPHIE.

Madame la comtesse est bien bonne.

MAD. DUTOUR.

C'est qu'il est fort beau... Un Ternaux avec des palmes.*

Sophie sort emportant le schall.

MAD. DUTOUR.

Mais, ma cousine, c'est trop de donner un schall comme ça.

CHARLOTTE.

Ma chère parente, voulez-vous me faire un grand plaisir?

MAD. DUTOUR.

Qu'est-ce que c'est?

CHARLOTTE.

C'est de porter, en souvenir de moi, cette chaîne d'or que j'aurais voulu vous offrir plutôt.

MAD. DUTOUR.

Oh! c'est charmant! Grand merci, ma cousine: ça va faire jaser les bonnes amies, elles sont encore capables de dire que c'est Monsieur Benoit qui m'en a fait présent.

CHARLOTTE.

Qu'est-ce que monsieur Benoit?

MAD. DUTOUR.

C'est mon locataire un jeune homme fort aimable. Il est à Paris pour faire son droit, et je lui loue une chambre garnie, trente francs par mois. Ne font-ils pas des propos dans le quartier?

CHARLOTTE.

Ah!

MAD. DUTOUR.

Oui vraiment.

Air: *Amis, voici la riante semaine.*

Je sais qu' mon nom figur' dans leurs harangues,
Mais heureus'ment je ris de leurs discours;
Penser qu' partout il est des mauvais's langues,
Et qu'on en trouv' mêm' dans la rue aux Ours!
Dans les conv'nanc's en vain l'on se renferme;
Ils ont osé dir', le croiriez-vous bien?
Qu' monsieur Benoît n' payait jamais son terme,
Et que pourtant je n' le log' pas pour rien.

CHARLOTTE.

Il faut mépriser de pareils propos.

MAD. DUTOUR.

Ah! c'est bien ce que je fais! comme si on ne pouvait pas prendre le bras de son locataire pour faire un tour le dimanche?.. Est-ce que les grandes dames n'ont pas des cavaliers à leurs ordres...

CHARLOTTE.

Je ne sais pas.

MAD. DUTOUR.

Oh! je le sais bien moi, seulement ce n'est pas long-temps le même, ça change plus souvent que nous autres; je vois ça dans mes pratiques... C'est comme leurs toilettes, ça ne leur dure guères... Mais puisqu'elles ont le moyen... Par exemple, la Baronne D'alby, depuis deux mois c'est toujours le même.

CHARLOTTE, *avec intérêt.*

Ah! vraiment? contez moi donc cela!

MAD. DUTOUR.

Je l'ai vu plus d'une fois, un joli homme... Et tenez, hier encore, la Baronne choisissait des rubans, et il est venu lui apporter un beau bouquet de fleurs naturelles, pour un bal où il la conduisait le soir. Et ce matin, la femme de chambre m'a dit qu'elle avait attendu sa maîtresse jusqu'à trois heures du matin.

CHARLOTTE, *soupirant.*

Trois heures... C'est sûrement un homme né et élevé dans la société, l'un n'a point à rougir de l'autre... Ils vont tous les jours dans les fêtes ensemble.

MAD. DUTOUR.

Non, pas tous les jours : mais, quand ils ne vont pas dans le monde, on veille tout de même chez madame D'alby : le jeune homme vient, ils font de la musique, la Baronne joue de la harpe, ils chantent, ils lisent ensemble, ou bien ils dessinent.

CHARLOTTE.

Oui, ils ont les même goûts, les mêmes talens, ils peuvent passer le temps ensemble sans ennui : s'ils se marient, ils seront heureux.

MAD. DUTOUR.

Et moi, alors je vendrai gros pour la corbeille.

CHARLOTTE, *vivement.*

Que je serais contente si madame D'alby se mariait!

MAD. DUTOUR.

Vous?

CHARLOTTE, *se remettant.*

Sans doute! vous feriez de bonnes affaires dans cette occasion.

MAD. DUTOUR.

Merci, ma cousine. Ah, ils ont l'air tous les deux joliment d'accord.

CHARLOTTE.

Mais comment avez-vous appris tout cela?

MAD. DUTOUR.

Par la femme de chambre.

CHARLOTTE.

Et savez-vous le nom de ce monsieur?

MAD. DUTOUR.

Ma foi, non, je n'ai pas songé à le demander; mais si vous voulez le savoir...

CHARLOTTE.

C'est inutile. Ah! j'entends, je crois la voix de mon père.

SCENE IV.

MAD. DUTOUR, BERTRAND, CHARLOTTE, PIERRE.

CHARLOTTE, *allant au-devant de son père.*

Bonjour, mon père!..vous voilà donc! Il y a près de quinze jours que je ne vous ai vu.

BERTRAND.

C'est vrai, mon enfant : mais il ne faut pas m'en vouloir.

PIERRE.

Madame la Comtesse...

CHARLOTTE.

Ah! M. Pierre... Je suis bien aise de vous voir.

PIERRE.

Madame la Comtesse est bien bonne.

BERTRAND.

Je l'ai presque entraîné de force; il ne voulait pas venir, mais quand on a quelque chose à demander aux gens, c'est bien le moins qu'on se dérange.

CHARLOTTE.

Serais-je assez heureuse pour pouvoir vous être utile?

PIERRE.

Mon Dieu, Madame, c'est une indiscrétion que M. Bertrand me fait commettre.

CHARLOTTE, *à part.*

Quel changement! comme il s'exprime.

BERTRAND.

C'est une lettre qu'il écrit à son colonel, et j'ai pensé que ton mari voudrait bien l'apostiller. Oh, c'est que Pierre est en passe d'aller loin. Regarde-le donc, Charlotte. Il est sergent-major, et je gagerais qu'il ne tardera pas à être officier. Mais aussi, quelle conduite! Pas d'estaminet, pas de billard, pas de domino. Le travail, le devoir, il ne connaît que ça.

MAD. DUTOUR.

Qu'est-ce que je vous disais, ma cousine?

BERTRAND.

Ah! il vaut mieux que moi... Et, en un an, il m'a dépassé.

CHARLOTTE, *avec intérêt.*

C'est très-bien, M. Pierre.

PIERRE.

Rien n'est plus naturel, Madame : que ne ferait-on pas pour mériter l'approbation des personnes qui nous ont témoigné de l'intérêt?.. Il est si cruel de faire rougir les gens qu'on aime.

CHARLOTTE.

Oh! oui, vous avez raison, cela est bien cruel.

PIERRE.

J'ai gagné bien peu de chose encore; mais avec de la persévérance, du travail, j'espère... Ah! si vous ne me refusiez pas vos conseils, s'il m'était permis de vous voir quelquefois...

CHARLOTTE.

Je vous recevrai toujours avec plaisir, Pierre. Vous ne doutez pas de mon amitié.

PIERRE.

Je désire la mériter un jour.

BERTRAND.

Ainsi, tu parleras de sa lettre au commandant, et de l'apostille?

CHARLOTTE.

Certainement, mon père.

BERTRAND.

Eh bien, je te l'apporterai tantôt. (*à demi-voix.*) Ah ça, dis-moi, es-tu toujours contente? Ton mari?...

CHARLOTTE.

Il est toujours bon pour moi : je suis heureuse.

BERTRAND.

Bien sûr?

CHARLOTTE.

Oui, mon père.

BERTRAND.

Allons, j'en suis bien aise. (*à part.*) Elle ne se doute de rien; ou bien on m'a fait des contes.

UN DOMESTIQUE, *annonçant :*

M. de Monval.

CHARLOTTE, *à part.*

Dans quel moment. (*haut.*) Dites que je n'y suis pas.

MAD. DUTOUR.

Et pourquoi donc, cousine?

BERTRAND.

Comme ça vous a l'air grande dame : Je n'y suis pas.

CHARLOTTE.

C'est pour vous : cela vous dérangerait.

MAD. DUTOUR.

Pas du tout. Si je me souviens bien, j'ai connu un Monsieur de Monval... Si c'était lui?.. Faites entrer, ma cousine.

CHARLOTTE.

Mais...

BERTRAND.

Si je te gêne, Charlotte, je m'en irai.

CHARLOTTE.

Me gêner... vous, mon père.... (*au domestique.*) Qu'on entre

PIERRE, *à part.*

Que lui veut ce Monsieur de Monval?

SCENE V.

BERTRAND, PIERRE, MAD. DUTOUR, MONVAL, CHARLOTTE.

MONVAL.

Je n'ai pu passer devant l'hôtel de Madame la Comtesse sans éprouver le désir de savoir de ses nouvelles. Pardon, Madame, si je me présente de si bonne heure.

MAD. DUTOUR.

C'est lui... Est-ce que M. de Monval ne me reconnaît pas?

MONVAL.

Eh mais, c'est madame Dutour.

MAD. DUTOUR.

Moi-même : il y a bien long-temps qu'on ne vous a vu. Dire que Monsieur n'entrerait pas dans mon magasin, quand il passe rue aux Ours.

MONVAL, *souriant.*

Mais c'est que je ne passe jamais rue aux Ours.

CHARLOTTE.

M. de Monval, mon mari est sorti; vous auriez peut-être désiré le voir?

MAD. DUTOUR.

C'est joli, Monsieur, d'oublier ses anciennes connaissances.

Ah, je vois ce que c'est : vous êtes surpris de me trouver dans cette belle hôtel?... mais puisque je suis sa parente.

MONVAL, *souriant.*

La parente de l'hôtel!.. (*Il voit l'embarras de Charlotte, et reprend d'un ton sérieux.*) Je sais que vous êtes la cousine de Madame, et croyez que mes égards...

MAD. DUTOUR.

Qu'est-ce que c'est que toutes ces simagrées-là? Est-ce que vous avez oublié nos parties de campagne avec Fanny et Malvina?

MONVAL, *embarrassé.*

Je n'ai rien oublié, je vous assure.

MAD. DUTOUR.

Cette pauvre Malvina. Elle a eu une inclination malheureuse ; elle a voulu se périr.... elle était si sentimentale.... Fanny se porte toujours bien ... Ma cousine les a bien connues aussi.

CHARLOTTE, *à part, jetant un flacon avec impatience.*

Je suis au supplice!

PIERRE, *cherchant à faire taire Mad. Dutour.*

Madame Dutour!..

MAD. DUTOUR.

Qu'est-ce que vous faites donc, ma cousine? (*Elle ramasse le flacon.*) Voilà qui est soigné.. mais c'est mal de ne pas prendre tous ces articles-là chez moi; vous auriez meilleur marché, et tout aussi bien établi.

CHARLOTTE, *avec impatience.*

C'est mon mari...

MAD. DUTOUR.

Il faut lui dire d'acheter à la maison : il vaut mieux que les profits soient dans la poche de sa cousine que dans celle d'une étrangère.

CHARLOTTE, *à part.*

Qu'elle me fait souffrir!

PIERRE, *à part.*

Pauvre femme ... venons à son secours. (*Haut.*) Père Bertrand, puisque Madame la Comtesse a la bonté de se charger de ma lettre, si vous voulez venir avec moi, je vous la remettrai.

BERTRAND,

Tu as raison, Pierre, il ne faut pas perdre de temps.

PIERRE.

Madame Dutour, si vous sortez, je vous offre mon bras.

MAD. DUTOUR.

Ah, je vous remercie, et je profiterai de votre offre; je vas terminer une affaire, comme je vous l'ai dit, ma cousine, et je serai ici dans une heure au plus tard. Je verrai donc ce qu'on appelle la bonne compagnie. C'est sans doute l'endroit où l'on s'amuse le mieux?

MONVAL.

C'est celui où l'on s'ennuie de meilleure grâce.

MAD. DUTOUR.

Allons, Pierre, donnez-moi votre bras.

BERTRAND.

A revoir, ma fille; je reviendrai t'apporter la lettre.

CHARLOTTE.

A bientôt, mon père.

MAD. DUTOUR.

Sans rancune, M. de Monval. A tout-à-l'heure, cousine.

PIERRE.

Recevez tous mes remerciemens, Madame la Comtesse.

CHARLOTTE.

Adieu, Pierre : nous nous reverrons.

SCÈNE VI.

MONVAL, CHARLOTTE.

Charlotte reste pensive.

MONVAL.

Madame...

CHARLOTTE, *à part.*

Qu'elle est commune... Autrefois, je ne m'en apercevais point.

MONVAL.

Elle ne m'entend pas.

CHARLOTLE, *à part.*

Si je paraissais à mon mari telle qu'elle me paraît à moi.

MONVAL.

Madame!..

CHARLOTTE.

Ah, pardon!

MOOVAL.

Depuis long-temps, Madame, je voulais vous parler à cœur ouvert : vous excuserez la franchise d'un ami. Je vous assure qu'il faut absolument que vous vous amusiez, car vous avez du chagrin.

CHARLOTTE.

Bonne raison... Mais je n'ai pas de chagrin, et je ne me soucie pas de m'amuser.

CHARLOTTE.

Ah! oui.. en effet! on m'a dit, je m'en souviens...

MONVAL, *vivement.*

Quoi? que vous a-t-on dit?

CHARLOTTE.

Oh, des propos que je crois sans fondement : on prétend qu'un jeune homme est fort assidu auprès d'elle; mais vous obtiendrez aisément la préférence.

MONVAL.

Je ne la solliciterai point : celle dont la réputation n'est pas intacte ne saurait être ma femme.

CHARLOTTE.

Comment!.. il serait vrai? non, cela ne peut-être : la comtesse d'Aiglemont, ma belle-mère, l'avait elle-même choisie pour son fils avant notre mariage.

MONVAL.

Alors, il n'y avait rien à dire : mais depuis...

CHARLOTTE.

Ah!

SCENE VII.

MONVAL, LE COMTE, CHARLOTTE.

LE COMTE.

Eh bonjour, mon cher Monval; je ne m'attendais pas à te trouver ici. La promenade a été délicieuse : on s'étonnait de ne pas te voir.

Charlotte va s'asseoir à gauche.

MONVAL.

En effet, on connaît mes goûts champêtres ; mais on ne m'a promis ma nouvelle calêche que pour demain. Mon ami, quatre chevaux anglais et deux grooms qui ont couru à Epsom. Dès que viendront les beaux jours, je ne quitterai plus le bois ; la solitude convient à mes goûts.

LE COMTE.

Ils sont si simples !

MONNAL.

Vrai, je ne me reconnais pas; il y a une heure que je parle raison. Aussi, madame me trouve-t-elle si grave, qu'elle me juge digne d'être mari.

CHARLOTTE.

N'est-il pas vrai que Monsieur de Monval ferait bien de se marier?

LE COMTE.

Pourquoi pas?

MONVAL.

Ah! tu approuves ce projet? mais si je te disais quelle femme on me propose?...

LE COMTE.

Qui est-elle?

CHARLOTTE.

J'avais pensé à la baronne d'Alby.

LE COMTE.

La baronne!... Quelle idée!...

MONVAL.

Eh bien, me le conseilles-tu?

LE COMTE.

Il faut que vous soyez folle pour songer à marier les gens... De quoi vous mêlez-vous?

CHARLOTTE, *elle se lève.*

Pourquoi vous fâcher, Arthur?... Quand j'ai parlé de cela, j'ignorais tout ce qu'on peut dire contre madame d'Alby.

LE COMTE.

Comment!... que peut-on dire?... Je la défendrai contre la calomnie.

MONVAL, *à part.*

Allons, il m'a cassé une jambe pour sa femme; veut-il me casser l'autre pour sa maîtresse.

CHARLOTTE, *à part.*

Je ne comprends rien à sa colère. (*Haut.*) Personne ne l'accuse : le hasard seul m'a appris...

LE COMTE, *inquiet.*

Quoi?... qu'avez-vous appris?

CHARLOTTE.

Qu'elle souffre les assiduités d'un jeune homme; mais elle est libre; elle l'épousera sans doute.

LE COMTE, *à part,*

Elle ne sait rien. (*Haut.*) Qui vous a dit qu'elle aime quelqu'un.

CHARLOTTE.

Oh! je suis bien instruite!.. Mais je ne partage point des soupçons injurieux; et, si la baronne voit souvent celui qu'elle aime, loin de la blâmer, moi, je l'approuve.

MONVAL, *à part.*

Pauvre femme!

CHARLOTTE.

Avant de s'unir par des nœuds éternels, ils sauront s'ils peuvent se convenir. Qu'elle est heureuse, Arthur!... Jamais à ses côtés, l'homme qu'elle chérit ne s'ennuiera.

LE COMTE, *troublé.*

Charlotte!...

CHARLOTTE.

Hier, c'était lui qui l'avait conduite à ce bal où vous l'avez rencontrée.

Air *d'Aristippe.*

Vous m'avez dit qu'on l'entourait d'hommages;
Comme il devait jouir de ses succès!
Elle n'a point à craindre des outrages,
Car un grand nom protége ses attraits;
Celui qui l'aime ignore les regrets :
En la voyant et si noble et si belle,
D'orgueil, de joie il sent battre son cœur;
Enfin, jamais il ne rougira d'elle!..
Comprenez-vous tout son bonheur?..

LE COMTE, *à part.*

Quel supplice! (*Haut*). Vous vous trompez; vous imaginez tout cela. Personne n'est amoureux de la baronne,

CHARLOTTE.

Je suis sûre de ce que je dis.

LE COMTE, *troublé.*

Comment?...

CHARLOTTE.

Oui, sans doute; ce matin encore, la femme de chambre de la baronne racontait...

LE COMTE.

Mais c'est une horreur qu'un pareil espionnage.

CHARLOTTE.

Ne vous mettez pas en colère, mon ami...Que nous importe après tout?

SCÈNE VIII.

MONVAL, LE COMTE, CHARLOTTE, MAD. DUTOUR.

MAD. DUTOUR, *à la cantonnade.*

Je vous dis encore une fois de ne pas m'annoncer.

CHARLOTTE, *à part.*

Dieu! madame Dutour!..

LE COMTE.

Quelle est cette voix?

CHARLOTTE.

C'est la voix de ma cousine.

LE COMTE.

Ah !...

MAD. DUTOUR, *entrant.*

Eh bien, ma cousine, vous voyez que je n'ai pas été longtemps.

LE COMTE, *à part..*

Ah, mon Dieu !... n'est-ce pas cette marchande ?

MAD. DUTOUR, *étourdiment.*

Tiens !.. Voilà le jeune homme dont je vous parlais ce matin.

CHARLOTTE.

Que dites-vous !

MAD. DUTOUR.

Qu'y a-t-il donc, cousine ?

CHARLOTTE, *avec une émotion violente.*

Parlez... parlez !... madame d'Alby... ce jeune homme...

MAD. DUTOUR

Eh bien, le voilà !

CHARLOTTE, *avec un cri déchirant.*

Ah !... mon mari !

MAD. DUTOUR.

Son mari !

CHARLOTTE.

Tout est fini... Je me meurs !...

Elle tombe évanouie sur un siége.

LE COMTE.

Charlotte !... Charlotte !.. (*à madame Dutour*). Ah ! madame, qu'avez-vous fait ?

MAD. DUTOUR, *donnant des soins à Charlotte.*

Ma pauvre cousine !... et dire que c'est moi... (*Au comte.*) Aussi, pourquoi ne voyez-vous pas vos parens ? Si je vous avais connu, ça ne serait pas arrivé.

SCÈNE IX.

LE COMTE, MONVAL, BERTRAND, CHARLOTTE, MAD. DUTOUR.

BERTRAND.

Pardon, excuse, la société... C'est que je viens apporter à Charlotte une lettre... Dieu !... ma fille !... est-elle morte ?

MAD. DUTOUR.

Non, non... elle n'est qu'évanouie ; un saisissement, le chagrin...

BERTRAND.

Quel changement!.. ah! commandant, la fille du pauvre soldat était si fraîche et si joyeuse!.. Regardez la femme du riche comte d'Aiglemont!

MAD. DUTOUR.

Elle se ranime!

LE COMTE, *s'approchant.*

Charlotte. ..

BERTRAND, *l'arrêtant.*

Laissez-moi, Monsieur le comte, laissez-moi soigner mon enfant!

LE COMTE, *à part.*

Hélas! quel sera notre avenir?

MAD. DUTOUR.

Epousez donc un grand seigneur!

On donne des soins à Charlotte, le comte est pensif sur un des côtés du théâtre. La toile tombe.

Fin du troisième acte.

ACTE QUATRIÈME.

Le théâtre représente un salon de l'hôtel du comte d'Aiglemont. — Porte au fond ; portes latérales.

SCÈNE PREMIÈRE.

LE COMTE, *seul, assis et pensif.*

Une séparation !.. oui, elle est nécessaire : cette situation est insupportable. Ah, ma pauvre mère avait raison !.. Elle est morte en m'annonçant ce qui arrive, et peut-être mon mariage a-t-il abrégé le peu d'années qui lui restaient à vivre. Depuis deux ans que je suis l'époux de cette jeune fille qu'elle repoussait, ai-je été heureux ?.. Oh non ! Elle me l'avait dit : Sans les mêmes goûts, sans les mêmes idées, les mêmes habitudes, il n'y a point de bonheur dans l'intimité !.. Fatigué de cette disconvenance perpétuelle, j'ai eu des torts !... Et, quand il fallait rentrer, l'ennui de voir une femme triste, pâle et qui a pleuré !.. Et son père ?.. Ils ne disaient rien ni l'un ni l'autre !.. Mais quel silence !... J'aurais mieux aimé des reproches !... Comment repousser ce muet désespoir qui m'accuse ?... Malheureuse Charlotte !... Depuis un an qu'elle connaît mes torts envers elle, à peine si nous avons passé une heure ensemble !... Sous le même toît, nous vivons étrangers l'un à l'autre ; qu'avons-nous à nous dire ?.. Ah, son père dit vrai : il faut que cette situation change.

Il appuie la tête dans ses mains.

SCÈNE II.

MAD. DUTOUR, BERTRAND, LE COMTE.

MAD. DUTOUR.

Allons donc, père Bertrand.

BERTRAND.

Je n'ai pas le courage.

MAD. DUTOUR.

Vous qui n'en manquiez pas devant le canon !

BERTRAND.

Ah, que ne m'a-t-il emporté avant un jour comme celui-là !

LE COMTE.

Eh bien, qui est là ?.. Ah, c'est vous.

Il se lève.

MAD. DUTOUR, *à Bertrand.*

Voilà le moment.

BERTRAND.

Je venais...

Le Comte fait un mouvement pour sortir.

MAD. DUTOUR.

Monsieur... mon cousin, car vous êtes mon cousin, c'est le père Bertrand qui veut vous parler.

LE COMTE.

Une autre fois : je suis pressé.

MAD. DUTOUR, *l'arrêtant.*

Un moment, s'il vous plaît. Ah ça, cousin Bertrand, je vais parler, moi, si...

BERTRAND, *avec effort.*

Non, non!.. c'est à moi... je suis son père!.. Monsieur le Comte, Charlotte était tout mon bien.

LE COMTE.

Encore des reproches!

BERTRAND.

Des reproches!.. Jamais, mon commandant! C'est seulement au sujet de l'affaire en question.

LE COMTE.

Quelle affaire?

MAD. DUTOUR.

Eh bien, votre séparation avec Charlotte.

LE COMTE.

Ah!..

BERTRAND.

Ça ne pouvait pas durer, je l'avais dit, mon commandant; mais il vous avait pris une idée de grand seigneur, d'homme riche... ça ne cède pas!.. Vous aviez vu ma pauvre Charlotte, jeune, jolie, sage, vous en avez fait votre femme : ça ne vous convenait pas, commandant. Je disais : Il y aura du grabuge! Votre mère aussi le disait; mais les jeunes croient toujours avoir plus de raison que les vieux, soit dit sans vous offenser!. car, après tout, ce qui est fait est fait, n'en parlons plus.

LE COMTE.

Oui, oui, n'en parlons plus! Tout cela est fatigant.

MAD. DUTOUR.

Ah, les hommes, les monstres d'hommes!.. Dire qu'ils se lassent de tout!

BERTRAND.

Je sens ça, commandant, et je vais emmener ma fille. Ce soir, nous partons... pour ne jamais vous revoir.

LE COMTE.

Ce soir !

MAD. DUTOUR.

C'est bien ce qu'ils ont de mieux à faire.

BERTRAND.

Charlotte ne sait rien. Quand, il y a trois mois, je suis venu vous demander votre autorisation pour vous séparer, j'avoue que j'espérais encore. Il faut du temps pour les formalités, et, à votre âge, on change plus d'une fois d'idée en trois mois !.. Il se pouvait... mais non ! J'ai bien vu... Il n'y a pas eu un retour envers elle !.. à peine si vous lui avez parlé trois fois... Tout est fini : pourtant je n'ai encore rien osé lui dire... Elle vous a tant aimé !..

MAD. DUTOUR.

Ah, c'est bien vrai !.. Et comme elle s'est façonnée !... c'est vraiment comme une grande dame à présent, et bien mieux ma foi !... Certes, votre Madame d'Alby ne la vaut pas.

LE COMTE, *à Bertrand.*

Vous disiez donc ?..

BERTRAND.

Que, si vous le permettez, et pour vous épargner les larmes de ma pauvre fille, je l'emmènerai comme pour faire un petit voyage d'un mois... à cette jolie ferme que vous avez absolument voulu lui donner il y a deux ans... car vous avez toujours été généreux !... Et si ce malheureux mariage a mal tourné, c'est qu'on ne se refait pas, et que votre éducation, vos préjugés...

LE COMTE.

Bertrand !..

MAD. DUTOUR.

Du moins, dans cette campagne, Charlotte ne sera plus forcée de voir quelqu'un qui ne l'aime plus !

LE COMTE.

Elle recevra tous les six mois la pension convenue... et je désire qu'elle soit heureuse... car je ne me plains pas... je n'ai jamais eu à me plaindre d'elle. Il est trop vrai que nous ne nous convenons pas...

BERTRAND.

C'est ce que j'avais prévu !.. Il ne me reste plus qu'à vous prier de signer cette pièce que les gens de loi ont rédigée... Tenez.

LE COMTE.

Voyons.

Il parcourt le papier.

MAD. DUTOUR, *à part.*

Aura-t-il bien le cœur de signer ?

LE COMTE.

C'est cela.

Il va vers la table.

MAD. DUTOUR.

Avoir été si amoureux!.. Fiez-vous-y donc!

BERTRAND, *essuyant ses yeux.*

Je n'avais jamais pleuré.. mais le malheur de mon enfant... Ah! c'est plus fort que moi. *(Le Comte signe le papier et le rend à Bertrand : ils détournent les yeux tous deux.)* Dès que ma fille... saura tout, je lui ferai signer cela, et je vous le renverrai, Monsieur le Comte. (*à madame Dutour.*) Allons, nous n'avons plus que faire ici.

MAD. DUTOUR.

Ah! un moment. Laissez-moi dire un mot d'adieu, car je me retiens de parler depuis une heure... Savez-vous bien, Monsieur le Comte, qu'il y a des gens qui pourraient vous dire votre fait?.... Mais le père Bertrand est un si brave homme!.. Laissez-moi donc parler... Et ma cousine, c'est cela une perfection... A sa place, je vous aurais laissé grogner, moi, et j'aurais toujours eu une voiture, des laquais, des belles robes et des loges aux spectacles... Mais Charlotte, c'était la perle des filles... Pas plus de gloriole et de vanité que sur ma main... Elle vous aimait, vous, sans toutes ces belles choses... Elle ne s'est plus souciée de rien quand elle a vu que vous ne l'aimiez plus... C'était un cœur comme il ne s'en trouve guères, comme vous n'en retrouverez jamais... Peut-être que vous la regretterez, la pauvre femme...

BERTRAND, *qui la tire par sa robe depuis le commencement de son discours.*

Venez donc...

MAD. DUTOUR.

Je voudrais qu'il la regrettât... ça serait bien fait.... Me voici, père Bertrand, me voici... Je vous salue, Monsieur, puisque mon cousin ne veut pas me laisser parler.... J'en aurais encore long à dire... mais il ne veut pas que je parle... Adieu, Monsieur, adieu... Je vous salue.

SCÈNE III.

LE COMTE, *seul.*

Cette femme m'impatientait... mais le pauvre Bertrand... Ah! chassons cette idée.... Charlotte aura sa liberté... Moi, je reprendrai la mienne... La voici... Encore de la tristesse, sans doute.

SCÈNE IV.

CHARLOTTE, LE COMTE.

CHARLOTTE, *sortant de la porte de droite.*

Elle doit être calme, sereine, et plutôt gaie que triste : un négligé élégant.

Je croyais avoir entendu la voix de mon père... Mais vous voici, Arthur... Je suis bien aise de vous rencontrer; j'allais demander à vous voir; car je pars pour un mois, et je voulais savoir si vous n'aviez rien à me dire, si vous êtes bien... Depuis quelque temps vous paraissez souffrir... Si mes soins pouvaient vous être utiles, je ne partirais pas, quelque plaisir que me fasse ce voyage.

LE COMTE.

Vous êtes contente de partir?

CHARLOTTE.

J'avoue que je me réjouis de revoir la campagne. Depuis un an, nous n'avons pas quitté la ville... Ce n'est pas un reproche... Je sais bien que vous ne pouviez pas revenir à votre terre avec moi; vous vous y étiez trop ennuyé la première année de notre mariage.

LE COMTE.

La solitude ne vous effraie pas?

CHARLOTTE.

J'y suis habituée ici; et j'ai su me créer enfin des occupations qui me la rendent douce. D'ailleurs, je ne serai pas seule; mon père, mon cousin Pierre et madame Dutour viennent avec moi.

LE COMTE.

Madame Dutour! cette femme si commune!

CHARLOTTE.

Elle m'a donné des soins, elle m'a consolée dans des jours bien malheureux; sa bonté me cache ses manières... et puis, je n'ai pas le droit d'être difficile.

LE COMTE.

Ah! ne vous comparez pas à elle!.. quelle différence!.. (*Il la regarde avec attention.*) Vous vous êtes formée : votre figure aussi a gagné!.. Je vous trouve aujourd'hui une fraîcheur... une gaîté...

CHARLOTTE.

J'avais tant souffert!.. Mais enfin j'ai beaucoup réfléchi.

LE COMTE.

Vous avez réfléchi?

CHARLOTTE.

Oui : l'amour et le chagrin sont deux sources inépuisables de pensées. Mon esprit s'est éclairé et mon cœur s'est fortifié dans le malheur : maintenant j'apprécie la vie ce qu'elle vaut.

Air : *de Léocadie.*

Une chimère, un doux mensonge,
Séduit le pauvre genre humain;
On marche, et poursuivant un songe,
On croit voir, au bout du chemin,
Le bonheur, qui nous tend la main!
Il recule sans qu'on s'en doute;
Eh bien! s'il se tient éloigné,
Prenons les plaisirs sur la route,
C'est toujours (*bis*) autant de gagné. (*bis*)

LE COMTE.

Mais vraiment, voilà de la philosophie.

CHARLOTTE.

Que voulez-vous? Il l'a bien fallu! Pendant long-temps une seule idée m'occupa; je ne voyais rien au-delà!.. A présent, la lecture, l'aspect de la campagne, l'amitié, les fleurs, tout a du charme pour moi! Grâce à vous, j'ai pu faire un peu de bien; des pauvres me bénissent, il y a des gens qui m'aiment... Vous ne le croyez peut-être pas?

LE COMTE.

Ah!..

CHARLOTTE.

C'est qu'ils sont indulgens... Eh bien, tout cela compose une existence douce; je me dis : Je n'ai fait de mal à personne!.. Oui, vraiment, je sens que je ne suis plus malheureuse, et je me trouve aussi moins timide.

LE COMTE.

Vous serez heureuse!

CHARLOTTE.

Vous riez de pitié en songeant à un bonheur qui diffère tant de votre bonheur à vous si brillant et si animé.

LE COMTE, *tristement.*

Le bonheur!

CHARLOTTE.

Vous l'avouerai-je, Arthur? Je n'ai pas toujours eu d'aussi sages idées; je peux le dire maintenant. Vous souvenez-vous de m'avoir conduite cinq ou six fois dans de riches salons? Si vous saviez combien l'éclat des lumières, des toilettes, le charme de la musique, jusqu'à ma parure à moi m'éblouissaient, moi, pauvre fille, qui n'avais jamais rien vu? Ah, si, au milieu de tout ce prestige, j'avais rencontré vos yeux se portant sur moi avec plaisir, avec amour, j'aurais été heureuse, enivrée... et ce monde m'eût paru un délicieux séjour!.. mais vous y rougissiez de moi, vos regards y cherchaient une autre... (*Le Comte fait un mouvement.*) Non, non, ne parlons plus de cela : ce temps s'est effacé; pardon, Arthur, ne vous affligez pas!.. Je ne souffre plus : ma vie est calme... que la vôtre soit brillante!.. Je n'ai pas un désir... je n'ai pas même un regret.

LE COMTE.

Je m'étonne de tout ce que j'entends : est-ce possible? De telles idées, de tels progrès!.. Mais vous étiez si jeune!.. Et les femmes... elles devinent avec leur cœur! Charlotte, il n'en est aucune à qui vos idées et vos sentimens ne fissent honneur, et je reviens à peine de ma surprise.

CHARLOTTE, *riant.*

Depuis près de deux ans, c'est la première fois que vous faites attention à moi, et que vous écoutez quand je parle.

LE COMTE, *à part, avec tristesse.*

La première .. et la dernière fois!

UN DOMESTIQUE, *annonçant.*

M. de Monval.

CHARLOTTE.

Je me retire : j'ai quelques préparatifs de départ...

LE COMTE.

Mais ce n'est que pour ce soir, et je compte bien vous revoir.

CHARLOTTE.

Je ne partirai pas sans vous dire adieu. (*à Monval, qui est entré.*) M. de Monval, je vous salue.

MONVAL.

Quoi donc?.. on parle de départ!

CHARLOTTE, *en sortant par la porte de droite.*

Nous nous reverrons dans un mois.

SCÈNE V.

LE COMTE, MONVAL.

MONVAL, *à part.*

Grand Dieu!.. Elle part...

LE COMTE, *à part.*

Jamais elle ne m'a paru si belle... (*Haut.*) Eh bien, qu'as-tu donc, mon ami? Te voilà encore, soucieux et triste... En vérité, tu deviens fou.

MONVAL.

Où sage... car je suis terriblement ennuyeux, n'est-ce pas ?

LE COMTE.

Pas mal... Toi qui étais si gai, qui te moquais de tout... On dit, et sans horreur je ne puis le redire...

MONVAL.

Quoi donc ?

LE COMTE.

Que c'est l'amour... (*Monval soupire.*) Allons, c'est fini, tu es un homme perdu. On te traite donc bien mal ? on est donc bien coquette, bien capricieuse ?...

MONVAL.

Fais-moi grâce de tes conjectures, mon ami : tu es à côté de la vérité, et tu ne la rencontreras jamais... Tu ne sais pas, tu ne veux pas savoir qu'il est des femmes... non pas, qu'il est une femme dans le monde qui n'eut jamais un caprice, jamais un tort ; qui n'a jamais compris le plaisir d'humilier une rivale, ni d'exciter l'admiration ; dont l'âme élevée n'aperçoit des petits intérêts de la vie que les maux qu'elle peut consoler ; et à qui la vertu est si naturelle qu'elle n'imagine pas qu'on ait remarqué qu'elle est la plus vertueuse et la plus belle des femmes.

LE COMTE.

Et toi, tu as découvert cette merveille ?... Dans quel pays inconnu ?

MONVAL.

Mon ami, les choses merveilleuses manquent beaucoup moins dans ce monde que les gens capables de les découvrir.

LE COMTE.

Il me semble que tu nous traites avec bien du mépris, nous autres, qui avons le malheur de ne pas rencontrer de femmes parfaites. Nous sommes assez à plaindre, et tu ne devrais pas encore nous accuser... Ce n'est pas notre faute,

MONVAL.

Qui sait ?

LE COMTE.

Je t'assure que moi j'ai cherché, cherché...

MONVAL.

Oui, tes recherches ont été nombreuses.

SCÈNE VI.

LES MÊMES, MAD. DUTOUR.

MAD. DUTOUR.

Pardon, Messieurs, je croyais trouver ici ma cousine, et je

vous dérange ; mais, au reste, il ne faut pas vous fâcher, Monsieur le Comte, ce sera la dernière fois, puisque Charlotte va quitter aujourd'hui la maison avec moi pour n'y plus revenir.

MONVAL.

Que dites-vous ? n'y plus revenir.

MAD. DUTOUR.

Ah ! vous ne connaissez pas la conduite de monsieur ? vous ne savez pas que tout est fini, et qu'il a signé ce matin l'acte de séparation ?

MONVAL.

Arthur... serait-il possible ? tu te séparerais de Charlotte ?

LE COMTE.

Tout se fait d'un commun accord ; ce mariage fut une folie de jeunesse; il a fait son malheur et le mien; nous l'avons senti tous deux. Une loi nécessaire et désirée viendra bientôt sans doute nous rendre notre liberté tout entière, et chacun de nous alors pourra se choisir un avenir meilleur.

MAD. DUTOUR.

Et certes, si le divorce est rétabli, ma cousine ne manquera pas de prétendans, j'en connais.

LE COMTE.

Comment ?

MAD. DUTOUR.

Oui, j'en connais ! Qu'y a-t-il d'étonnant à cela ?

LE COMTE.

C'est qu'il me semble que vous attachiez vos regards sur Monval, et, si je ne savais quelle passion il a dans le cœur, je pourrais croire...

MONVAL.

Quelque soit le sentiment qui veille dans mon ame, sachez au moins que jamais l'amour le plus violent ne me ferait trahir les devoirs de l'amitié, et que la liberté seule de celle que j'aime pourrait m'engager à rompre le silence que je m'étais imposé.

LE COMTE, *pensif.*

Sa liberté !

MONVAL.

Adieu, Arthur. (*à part, en sortant.*) Ils se séparent !...

SCÈNE VII.

LE COMTE, MAD. DUTOUR.

LE COMTE, *absorbé dans ses réflexions.*

Cette femme qu'il trouve si supérieure aux autres femmes... qu'il adore en silence depuis long-temps... ce serait elle...

MAD. DUTOUR.

Eh bien, pourquoi pas?

LE COMTE.

Il ose l'aimer... Vous osez me le dire!

MAD. DUTOUR.

Ne faut-il pas se gêner?... Elle ne vous est plus rien à présent!... Ah! ne voulez-vous pas être comme le chien du jardinier?

LE COMTE, *avec impatience.*

Eh! madame... (*à part*). Charlotte l'aimerait-elle? Ah, tâchons de rejoindre Monval et d'éclaircir mes doutes.

Il sort.

SCENE VIII.

MAD. DUTOUR, *seule.*

Bon, il est vexé... Mais il ne se doute pas encore de ce qui l'attend; sa baronne d'Alby à qui il a sacrifié Charlotte, il ne soupçonne pas qu'elle le plante là pour épouser le vieux duc de Saint-Omer, et que le mariage se fait aujourd'hui même... Oh! l'affaire a été bien menée...

SCÈNE IX.

MAD. DUTOUR, CHARLOTTE, PIERRE.

CHARLOTTE.

Ah! vous voilà!

MAD. DUTOUR.

Oui, ma cousine; je viens vous demander l'heure précise du départ, afin de venir vous prendre.

CHARLOTTE.

Dans deux heures.

MAD. DUTOUR.

C'est bien : j'ai quelques ordres à donner pour mon absence, puis je suis toute à vous. Notre cousin est-il du voyage?

PIERRE.

J'ai obtenu un congé d'un mois, et je suis bien heureux.

MAD. DUTOUR.

Allez, allez, nous nous amuserons. A revoir, et comptez sur moi à l'heure fixe.

Elle sort.

SCENE X.

CHARLOTTE, PIERRE.

PIERRE.

Ah ! quel mois nous allons passer...

CHARLOTTE, *gaiement.*

Nous reprendrons nos études et nos lectures que, depuis quelques jours les préparatifs de ce voyage ont interrompues.

PIERRE.

Ai-je un autre bonheur sur la terre ? Que ne vous dois-je pas ? C'est au désir de devenir digne de votre amitié, et aux heures passées près de vous que je dois le peu que je sais. Avec vous j'étais si heureux d'apprendre !

CHARLOTTE.

Et moi, je n'avais point de honte de ne point savoir.

PIERRE.

Depuis que vous m'avez témoigné de l'amitié, le malheur qui m'accompagnait jadis, a disparu ; mes chefs m'ont distingué, me voilà sous-lieutenant...Votre père en est tout surpris ; moi-même j'ai peine à me reconnaître... Et cependant tout cela est si naturel auprès de vous... Mes idées, mon langage se sont formés sur les vôtres ; il me semble que les mots que vous prononcez sont les seuls que j'aime à dire, je cherche dans les livres qui vous plaisent ce qui peut vous intéresser ; et, près de vous, je me sens à mon aise, je me sens heureux...

CHARLOTTE.

Et moi, Pierre, je n'ai pas avec vous cette timidité, cette crainte que m'inspirent mon mari et les gens du monde.

PIERRE.

Nés tous deux dans la même classe, formés ensuite par la réflexion, le chagrin et l'étude, nos idées sont les mêmes ; nous ne pouvons rougir ni l'un ni l'autre ; bien que j'admire votre supériorité, elle ne m'humilie pas, et je sens, à chaque minute, que, si les choses eûssent été autrement, il y aurait éu bien du bonheur.

CHARLOTTE, *vivement.*

Pierre...

PIERRE.

Pardonnez-moi... Jé ne cesse de faire des efforts pour vous obéir : je n'oublie pas que c'est à la condition qu'une froide amitié s'exprimera seule que vous m'avez permis de vous voir souvent. Jugez du prix que j'attache à ce bonheur, puisque, depuis une année, je n'ai pas dit un mot de mon unique pensée dans ce monde. Ah ! qu'il faut aimer pour en agir ainsi.

CHARLOTTE.

Je suis madame d'Aiglemont... Quelque soit mon sort, je ne peux, ni ne veux l'oublier... Mais ne parlons plus de cela, et dites-moi, mon ami, savez vous si mon père a quelque chagrin ? Il me paraît plus soucieux depuis quelque temps, et ce matin j'ai cru voir une larme dans ses yeux.

PIERRE.

Le père Bertrand pleurer... Mon Dieu; seriez-vous menacée de quelque malheur ?

CHARLOTTE, *tristement.*

Moi ?... oh, je ne crois pas... que peut-il m'arriver maintenant ?

UN DOMESTIQUE, *entrant.*

Monsieur de Monval, informé du départ de madame la comtesse, demande instamment à être reçu.

CHARLOTTE.

Qu'il vienne.

PIERRE.

Vous le recevez ?

CHARLOTTE.

Il est le seul parmi les amis de mon mari qui ait eu des égards pour moi.

PIERRE.

Oh oui... je le sais... J'ai deviné plus encore... Il vous aime !...

CHARLOTTE.

Pierre...

SCÈNE XI.

MONVAL, CHARLOTTE, PIERRE.

MONVAL, *à part, en entrant.*

Elle n'est pas seule. (*Haut.*) Comment, madame, partir ainsi sans qu'on puisse vous voir et vous parler... Vous me pardonnerez de ne l'avoir pas souffert et d'avoir forcé votre consigne.

PIERRE, *à part.*

Ces gens-là ne doutent de rien.

CHARLOTTE.

Mais c'est un court voyage, et à mon retour...

MONVAL.

Un mois... un court voyage... quand il s'agit de ne plus vous voir; quand pendant ce mois...

CHARLOTTE.

Eh bien ?

MONVAL.

Des événemens peuvent changer une situation.

CHARLOTTE.

Que voulez-vous dire ?

MONVAL.

Il peut se passer tant de choses dans un mois.

CHARLOTTE, *souriant.*

Mais, en vérité, Monsieur de Monval, si vous n'aviez pas pris l'habitude, depuis quelque temps, de parler par énigmes, vous m'inquiéteriez.

MONVAL.

Vous inquiéter. .. Ne comprenez-vous pas, Madame, que je sais tout.

CHARLOTTE.

Quoi donc ?

MONVAL.

Ce que vous voulez en vain me cacher; je suis instruit vous dis-je.

CHARLOTTE.

Instruit. ..

MONVAL.

Et vous me pardonnerez si j'ai osé, en apprenant que vous quittiez cette maison pour jamais. . .

CHARLOTTE.

Pour jamais ?

PIERRE.

Que dit-il ?

MONVAL.

Si j'ai osé vous demander la permission de vous revoir. Quand nos nœuds sont rompus. ..

CHARLOTTE.

Rompus. . .

MONVAL.

Tout ne s'est-il pas fait de votre consentement ? Pourquoi ce mystère ?

CHARLOTTE, *qui a tenu sa tête dans ses deux mains comme pour recueillir ses idées.*

Attendez donc. .. comment. . . (*Lui prenant vivement la main*) Parlez-vous sérieusement, Monsieur de Monval ?. . Je ne sais ce qui se passe là. . . Mais voilà une étonnante nouvelle. . . Quoi. . . je ne serais plus la femme de monsieur d'Aiglemont... Pierre, cela est-il vrai ? est-ce possible ?

PIERRE.

Je ne sais rien... Mais ne m'avez-vous pas dit que votre père a pleuré ?

CHARLOTTE, *indignée.*

Ah! oui... c'est cela... me repousser ainsi... Et que tout le monde e lsache, quand je l'iguore encore... Mon Dieu...

MONVAL.

Comment, il se pourrait que vous ne fûssiez pas instruite?

CHARLOTTE.

Pardon, pardon... Je vous entends à peine; une foule de pensées sont là... Je suis libre... Je ne suis plus la femme du comte d'Aiglemont.

MONVAL.

Mais vous êtes par vos vertus et vos grâces mille fois au-dessus de ces vains avantages que vous perdez.

CHARLOTTE, *regardant Pierre.*

Je suis libre!

MONVAL.

Vous pourrez entendre désormais ces mots si doux à prononcer près de vous : je vous aime!

PIERRE, *à part.*

Comme elle est émue!

CHARLOTTE, *à part, regardant Pierre.*

Combien il serait heureux de les dire.

PIERRE, *à part.*

C'est moi qu'elle regarde.

MONVAL.

Un jour, le plus fortuné des hommes pourra lès entendre de votre bouche.

CHARLOTTE, *regardant Pierre.*

Peut-être

PIERRE, *à part.*

Mon Dieu... ne me trompai-je pas?

MONVAL.

Madame, si j'osais... s'il m'étais permis...

CHARLOTTE, *comme revenant à elle.*

Monsieur de Monval, ce que je viens d'entendre apporte à mon esprit bien des idées nouvelles; c'est une autre destinée qui commence; j'ai eu trop peu à me louer du passé, pour ne pas craindre l'avenir!... mais je peux vous assurer que la reconnaissance et l'amitié pour vous y tiendront une place... Ce serait vous tromper que vous laisser espérer davantage.

PIERRE, *à part, avec joie.*

Il est congédié.

SCÈNE XII.

LE COMTE, CHARLOTTE, MONVAL, PIERRE.

LE COMTE, *à la cantonnade.*

Eh bien, les chevaux de poste attendront : ils sont venus trop tôt.

CHARLOTTE, *avec calme et dignité.*

La voiture est là... Monsieur de Monval, je vous salue.

MONVAL.

Recevez mes hommages respectueux.

Il sort.

CHARLOTTE, *au comte.*

Je rentre chez moi, Monsieur le comte. Pierre, veuillez, je vous prie, aller chercher mon père et ma cousine. (*Pierre salue et sort.—Charlotte, près d'entrer dans son appartement, s'arrête:*) Monsieur d'Aiglemont, je n'ignore plus maintenant que je vous dis un dernier adieu.

Elle ouvre la porte.

LE COMTE.

Charlotte !..

CHARLOTTE, *laissant retomber la porte.*

Oui, je ne suis plus que Charlotte Bertrand.

LE COMTE.

Sous ce nom vous m'avez aimé.

CHARLOTTE.

Je n'aurais jamais dû le quitter.

LE COMTE.

Vous maudissez notre mariage.

CHARLOTTE.

Il vous a rendu si malheureux !

LE COMTE.

Et vous avez tant souffert.

CHARLOTTE.

M'avez-vous entendu me plaindre.

LE COMTE.

Non ! mais votre résignation même m'apprenait que vous étiez malheureuse : votre douleur muette m'était cruelle.

CHARLOTTE.

Vous ne la verrez plus.

LE COMTE.

Ah! quelle froideur!.. Quoi! au moment de nous séparer pour toujours, vous n'avez rien à me dire?

CHARLOTTE.

Rien!

LE COMTE.

Me quitter ainsi!

CHARLOTTE.

Et que puis-je vous dire?.. Un jour, Monsieur le Comte, l'idée vous prit de donner votre main, votre titre à une pauvre fille!.. elle n'en fut pas plus fière!.. Il vous convient de les lui ôter... elle n'en doit pas être plus humble.

LE COMTE.

J'ai cru cette séparation nécessaire à votre bonheur comme au mien. Depuis long-tems, nous nous voyons à peine; vous paraissez m'éviter avec soin!... Et pourtant aujourd'hui j'ai senti une impression bien pénible, je l'avoue, quand votre père m'a présenté l'acte de séparation pour le signer.

CHARLOTTE, *le regardant fixement.*

Il est signé?..

LE COMTE, *hésitant.*

Oui!.. mais votre nom n'y est pas encore!.. Vous pouvez refuser... et rien ne sera fait.

CHARLOTTE, *avec amertume.*

Ah!..

LE COMTE.

Savez-vous que, depuis plus d'une année, nous n'avions pas eu une conversation aussi longue que ce matin? Elle a bien changé mes idées!.. Mon dieu, comment avez vous pu vous former ainsi?

CHARLOTTE.

Vous me trouvez changée?

LE COMTE.

Oui! et d'autres que moi vous l'auront dit déjà; car vous êtes faites pour être aimée : vous avez inspiré des sentimens vifs et sincères.

CHARLOTTE.

Vous croyez?

LE COMTE.

Je le sais.

CHARLOTTE.

Et c'est sans doute à cette découverte que je dois l'attention que vous daignez m'accorder aujourd'hui?

LE COMTE.

Mais votre cœur aussi est bien changé! Vous avez reçu avec indifférence la nouvelle de notre séparation; vous m'en parlez avec calme!.. Pas un regret, pas une larme!.. Quelle différence!.. Quand mes torts vous furent connus, quand vous apprites qu'une autre...

CHARLOTTE.

Ah oui, sans doute, alors j'ai eu des jours de malheur, de larmes, de désespoir, car je perdais tout mon bien, votre amour! Aujourd'hui, vous m'enlevez un nom, une fortune, que sais-je? je n'y fais pas attention... Depuis long-tems il me semble que je n'ai plus rien à perdre.

LE COMTE.

Vous ne me pardonnerez jamais, je le vois bien, et votre haine, votre colère...

CHARLOTTE.

De la colère? non, je vous quitte sans aucun ressentiment, et je vous jure que je ne vous hais pas le moins du monde.

LE COMTE.

Ah, c'est bien pis... vous ne m'aimez plus.

CHARLOTTE.

Qu'importe? Que ferait mon amour maintenant

LE COMTE.

Il pourrait tout réparer.

CHARLOTTE.

Non, car aucun pouvoir ne saurait faire que ces jours affreux qui ont brisé mon cœur, n'aient pas existé! Qui fera disparaître ces nuits où le sommeil se refusait à mes yeux brûlans de larmes; ce désespoir que donne un avenir de malheur quand on n'a que vingt ans, et d'un malheur qu'on ne peut fuir, car chaque instant du jour vous le fait sentir; il est là, chez vous, à votre côté; on le retrouve en s'éveillant; il est dans toutes vos actions, dans toutes vos pensées... Ah! Monsieur le Comte, un mariage mal assorti est le plus grand mal du monde, le seul mal qui soit sans remède,

LE COMTE.

Oh! Charlotte, ne dis pas cela; les torts peuvent être reconnus, oubliés... On peut revenir à celle envers qui l'on fut injuste, et retrouver près d'elle le bonheur et l'amour.

CHARLOTTE.

L'amour!.. Il s'use enfin dans cette lutte avec la douleur; des années de larmes effacent quelques jours heureux. il ne reste plus, de ces passions qui ont agité l'âme, qu'une fatigue qui appelle le calme, la retraite et la liberté.

LE COMTE.

Quoi!.. si je vous disais : cet amour qui m'entraînait vers une autre, il n'existe plus; ces préventions qui me faisaient rougir de vous dans le monde, je les ai vaincues!.. Je reviens à vous, et je vous redemande le bonheur, la confiance... enfin soyez à moi comme autrefois... rendez-moi votre amour!

CHARLOTTE.

Hélas!..

LE COMTE.

Eh bien, que répondriez-vous?

CHARLOTTE.

Qu'il est trop tard.

LE COMTE.

Qu'entends-je?

CHARLOTTE.

Ma naissance est obsure, Monsieur le Comte, mais mon âme n'est point étrangère à de nobles sentimens. Heureuse de votre amour, j'ai tâché de m'élever jusqu'à vous, votre dédain a repoussé mes efforts; votre inconstance a déchiré mon cœur; les outrages de votre famille ont révolté mon orgueil!.. et maintenant...

Air : *T'en souviens-tu?*

Après deux ans de souffrance et de larmes,
Lorsque vous-même avez rompu nos nœuds,
Vous voulez bien me trouver quelques charmes,
Et vous venez me rapporter vos vœux!
De ses affronts mon âme enfin s'indigne;
Entre nous deux il n'est plus de lien;
De votre nom mon nom n'était pas digne,
Et votre cœur n'est plus digne du mien.

LE COMTE.

Ainsi, Charlotte...

CHARLOTTE.

Que vous dirai-je, Monsieur le Comte? mes sentimens...

LE COMTE.

Sont à un autre, peut-être?.. (*Elle se tait.*) Ne pas répondre c'est tout dire!

(Il va s'asseoir, absorbé dans la douleur.)

SCENE XIV.

LE COMTE, CHARLOTTE, BERTRAND, MAD. DUTOUR, PIERRE.

CHARLOTTE, *allant au-devant de son père*

Mon père, on vous rend votrefille.

BERTRAND.

Quoi !.. tu sais tout ?

CHARLOTTE.

Oui !.. Ce papier que Monsieur le Comte vous a remis...

BERTRAND.

Le voilà.

MAD. DUTOUR.

Mais savez-vous ce qui se passe ? regardez donc par la fenêtre.

PIERRE.

Eh bien, c'est un mariage à l'église en face.

LE COMTE, *se levant.*

Un mariage !... Ils vont promettre de s'aimer toujours !... Quels sont les fous qui peuvent faire de semblables promesses quand la plus sage même n'a pu les tenir, quand l'amour de Charlotte a cessé !

CHARLOTTE.

C'est vous qui l'avez voulu.

Elle va signer l'acte de séparation.

LE COMTE, *avec désespoir.*

Elle signe !..

CHARLOTTE.

Adieu, Monsieur le Comte.

LE COMTE.

J'ai tout perdu, et par ma faute !

FIN.

www.ingramcontent.com/pod-product-compliance
Ingram Content Group UK Ltd.
Pitfield, Milton Keynes, MK11 3LW, UK
UKHW020934180726
13838UKWH00002B/934